Como a un hermano

MARTA CRUZ

<< Resulta tan extraña la manera en que alguien puede
llegar a tu vida y cambiar las piezas de todo>>
Flor M. Salvador (Boulevard)

<u>Prólogo</u>

—¿Y qué le pasó? —se interesó mi hermanita mientras jugaba a taparse con la sábana.

—Siempre había sido reservado y cerrado. Cuando por fin intentó abrirse, le hicieron daño —recordé con tristeza mientras me metía en la cama.

—Sí, esa historia ya me la sé —Raquel se frotó los ojos del sueño—. Ya me contaste que estaba mal y que lo ayudaste. Le diste luz a su vida cuando estaba completamente apagada... Empezasteis a ser amigos y todo ese rollo... Pero, ¿por qué estaba tan tan mal? ¿Qué es exactamente lo que le dolió tanto?

—Pues verás —se trazó una sonrisa triste en mis labios—, a veces a base de desilusiones uno acaba con el corazón roto.

—Siempre pensé que vosotros dos acabaríais juntos —se rió, intentando desviar un poco el tema—. No sé por qué. Pienso que pegáis bastante. Os shippeo.

—Raquel, ya sabes que es mi mejor amigo, no digas estupideces —le regañé a la vez que ponía los ojos en blanco.

—Bueno, pero prueba a encontrarle moza o algo —se burló.

—Nah, qué pereza. Además, no quiere nada con nadie. Dejó de creer en el amor hace mucho tiempo —dije mientras que mi boca se abría, bostezando—. Es tarde ya, descansa princesa.

—Buenas noches, que duermas bien, Laura —se despidió mi hermana.

Quizás mi relación con mi hermana no era la mejor. Nos peleábamos con frecuencia, la niñata siempre robando ropa y dando por culo... Encima, teníamos que compartir cuarto... Pero, aún así, la soportaba demasiado bien. Era fácil hablar con ella y aunque fuese dos años menor que yo, tenía una mentalidad mucho más madura que el resto de los de su edad. Nuestras charlas nocturnas eran lo mejor, nos contábamos todo y nos echábamos una mano con nuestras rayadas. Quizás no perfecta, pero sí que era única.

Capítulo 1

Dani es nuestro vecino desde hace un par de años, pero mi mejor amigo solo desde hace unos meses.

Todo el tiempo supe que ese chico vivía en la casa de al lado, lo veía a diario llegando a casa del instituto. Siempre iba con su mirada perdida en el móvil, al igual que la mayoría de nuestra generación, no me excluyo. Debido a eso nunca me fijé bien en su cara. Lo único que pude apreciar era su ondulado pelo castaño oscuro, pero poco más.

Podría haberme molestado alguna vez en al menos presentarme y conocerlo. Aún así, nunca me interesé ni lo más mínimo en saludarlo, ni mucho menos intercambiar siquiera unas cuantas palabras con él. Sonará bastante estúpido o antipático por mi parte, pero no me va el rollo de socializar.

Pero todo eso cambió una noche lluviosa.

Yo estaba tumbada sobre la cama, con una pierna encima de la otra, mirando una serie de suspense en el portátil. El sonido de las gotas de agua repiqueteando en la ventana junto a mi cama iba aumentando de volumen, cada vez más. Esto hacía que mi piel se erizase a medida que continuaba el capítulo.

La chica de la pantalla con miedo lentamente se aproximaba a una misteriosa y vieja puerta, con intención de abrirla. Puso su mano sobre el pomo y... ¡boom! En ese momento en mi casa se escuchó un estruendoso ruido acompañado de un resplandor y seguidamente se apagaron todas las luces. No soy de asustarme fácil, pero he de admitir que me llevé un susto tremendo. Un apagón. Me jodió un montón, justo en el peor momento dejándome con toda la intriga. Se había cortado la luz y todo estaba completamente oscuro.

Miré el móvil, eran las 23:23. Justo entonces también me llegó la notificación de "Baja batería". Mis padres habían salido a cenar por ahí, por lo que estarían fuera hasta muy tarde, y mi hermana se había quedado a dormir en casa de una compañera, por lo que estaba sola en casa. ¿Qué se suponía que debía hacer? Nadie podía ayudarme a subir ningún interruptor o lo que se suponga que hay que hacer cuando se corta la luz. Ni idea. Supuse que lo mejor era dormir o al menos intentarlo (porque aún era bastante temprano para mí) y ya mis padres harían lo que sea que tuvieran que hacer a la mañana siguiente.

Con ayuda de la linterna del móvil cerré el portátil y lo dejé en mi escritorio. Me tumbé en la cama y me giré apoyándome sobre un lateral de mi cuerpo, intentando pegar ojo. Fue en vano porque a los pocos minutos un relámpago me cegó, despertándome. Me dispuse a mirar el cielo a través del cristal de la ventana. Todo era de un color grisáceo, pero el hecho de que hubiera tormenta me relajaba, no sé por qué. Disfrutaba viendo los rayos iluminando el cielo.

Al poco rato, vi una luz encenderse en la casa de al lado.

Era la única luz que se veía en toda esa oscuridad. La casa de donde esta procedía y la mía no estaban pegadas muro con muro. En el lateral de los edificios un pequeño patio los separaba, lo que hacía que nuestras ventanas se miraran de frente pero que estuvieran distanciadas por unos pocos metros. La persiana de aquella ventana estaba subida hasta arriba, por lo que podía ver toda la habitación de donde provenía la claridad con perfecto detalle.

Estaba bastante desordenada y visualicé como el vecino con el que no me hablaba agarraba un pequeño mando. Apuntando a lo que supongo que eran unos altavoces apretó los botones del mando y puso una canción triste. Debió de poner el volumen muy alto, porque lo podía escuchar desde mi casa, aún con el sonido de la lluvia. Seguidamente, se tumbó en la cama. Miraba al techo de la habitación, pensativo. Se le veía triste, con la mirada absorta en sus pensamientos.

Era todo muy raro, nunca los vecinos (y menos ESE vecino) habían molestado con la música. Es más, ¡¿cómo coño tenía electricidad?! No pude evitar sentir curiosidad.

Iluminándome con el móvil me levanté dirigiéndome hacia el escritorio y cogí un folio. Escribí un "¿Te va la luz?" grande en él. Me acerqué a la ventana y puse el papel sobre el cristal. Tomé el móvil y empecé a moverlo de un lado a otro apuntando a su casa, para captar su atención y que me mirara.

El vecino se percató de mi presencia y rodando la cabeza sobre la almohada miró hacia donde yo estaba, con incertidumbre. Rápidamente se frotó los ojos, ¿acaso estaba llorando? Cortó la música. Suspiró a la vez que se ponía en pie y se aproximó a la ventana mirándome fijamente. El chico, confundido, frunció el ceño para leer mi mensaje y acto seguido imitó mi acción escribiendo algo en un papel mientras reía y lo apoyó en la ventana. Forcé la vista para conseguir leer un "no xd". Le di la vuelta a mi papel y por la cara opuesta a donde estaba el mensaje anterior escribí: "¿me dejas cargar el móvil?".

El chico, tras leer mi mensaje, sonrió. Bajó la persiana y apagó la luz, dejándome anonadada. ¿Qué mierda acaba de pasar? Había sido todo muy random.

Otra notificación en el móvil me sobresaltó. Me quedaba un cinco por ciento de batería. Necesitaba enchufar el maldito teléfono, me estresaba el hecho de que se quedara sin batería. No podía permitir que se apagara.

Saqué una sudadera grande del armario y me la puse encima del pijama. Cogiendo el cargador bajé las escaleras con la linterna del móvil. En la entrada agarré un paraguas y las llaves para salir de casa. Abrí la puerta y salí corriendo hacia la casa del vecino, para mojarme lo menos posible. Me resguardé en su porche.

Mirando la puerta me preguntaba si hacía lo correcto en presentarme en su casa, después de que me hubiera ignorado de tal manera. ¿Quién se había creído? Me había hecho un vacío impresionante. ¡Qué rabia! Bueno, lo mismo solo tenía sueño y era tarde. Quizás debía aguantarme sin móvil y dormirme ya. Lo más seguro es que volviera a pasar de mí y que me quedara sin batería. ¡A la mierda!, lo iba a intentar al menos. Me tragué mi orgullo y decidí llamar al timbre.

¿Iba a hacer el ridículo? Seguramente. Mucho, además. ¿Me importaba? No.

Capítulo 2

Estaba frente a la puerta. La lluvia caía y caía. Vaya, tardaba bastante en contestar el telefonillo... Había sido una estupidez ir allí. No iba a abrir. Cuando iba a rendirme y darme la vuelta para volver a mi casa, se me ocurrió algo. Era una idea un tanto psicópata y descabellada, pero... ¿qué más da?

Fui hacia el patio que quedaba entre nuestras casas. Me agaché para coger una piedra del césped. Levanté la mirada hacia la ventana del vecino. Laura estás loca. Tenía una piedra en la mano. ¿Qué estaba apunto de hacer?

Me puse a tirar piedras hacia la ventana. Soy una maldita enferma mental, lo sé. ¿Qué pensaría cualquiera que me viera? Me había encabezonado. La persiana estaba bajada, por lo que mis diminutas piedras no romperían el cristal. Solo haría ruido y molestaría hasta que me hiciese caso. Una piedrecita, y otra, y otra...

Y sí, me hizo caso. Parecía mentira, pero así fue.

—¡¿Qué cojones haces puta loca?! —gritó enfadado asomándose tras subir la persiana.

—¡Déjame cargar el móvil! —le supliqué.

El chico soltó un pequeño chillido de desesperación. Me acaba de conocer y le tenía harto. Normal, Laura, normal. Le acabas de acosar tirando piedras a su casa, ¿qué te esperabas?

—¡Vas a despertar a todo el vecindario! ¡Menos mal que no están mis padres! ¡Ya bajo! —me mandó a callar. Él es el que había empezado a gritar, irónicamente.

Anduve hacia la puerta otra vez. Esta vez sí me abrió.

—Hola, soy Laura, vivo en la casa de al lado —me presenté burlonamente tendiéndole la mano.

Al fin tenía a ese chico tan misterioso enfrente mía y podía apreciar su rostro. Era delgaducho y bastante alto, lo bastante como para que tuviera que levantar la cabeza para mirarle fijamente. No pude evitar fijarme en su profunda mirada de ojos verdes, cubiertos por preciosas pecas alrededor, que también adornaban el resto de la cara, en especial la zona de la nariz y los pómulos. Tenía la capucha de su sudadera negra puesta y se podía asomar desde esta su hermoso ondulado pelo castaño revuelto. A ver, no voy a mentir, mal físico el chaval no tiene.

—Eres ridícula. Tienes suerte de que no llame a la policía —respondió mirándome de arriba abajo con desprecio y me tendió la mano—. Yo Dani. Diría que es un placer conocerte, Laura, pero que vengan a tirarte piedras a tu casa a estas horas de la noche no es algo muy corriente ni que me pase todos los días, como comprenderás...

—Ya, bueno... —contesté medio pícara— Verás, he visto que curiosamente tienes electricidad y casualmente yo tengo un móvil que necesita ser enchufado, así que si no es mucha molestia me preguntaba si cederías a dejarme pasar y cargarlo.

—No es tan difícil subir los magnetotérmicos. ¿De verdad que soy el único que sabe hacerlo? —se quejó llevándose la mano a la cabeza.

—Pues no sé como hacerlo ni donde están, por favor déjame cargarlo en tu casa —volví a pedirle.

—Está bien —dijo a regañadientes—. Te dejo cargar el móvil, pesada. Pero te irás cuando la batería se cargue a la mitad —puso como condición.

—Gracias, vecinito —dije sonriendo tras salirme con la mía.

Dani se echó a un lado de la puerta dejando que pudiera entrar. Una vez dentro, me señaló el pequeño sofá de la entrada con un enchufe al lado, indicándome que me sentara. Me apoyé cerca de uno de los brazos del sofá y saqué el cargador del bolsillo de mi sudadera.

Por fin mi móvil estaba cargando. Él se sentó junto al brazo contrario mirando su móvil y poniendo los pies sobre una pequeña mesa frente a nosotros.

Puse mis manos encima de mis rodillas y jugaba con ellas mientras que miraba el suelo. ¿Y ahora qué? El móvil tardaría en cargarse. Sería una incómoda eternidad estar allí sin articular palabras.

—¿Oye, estás bien? —me preocupé recordando la música triste, su mirada perdida...

—Has venido a cargar el móvil, no para fingir que te importa mi vida —respondió cortante.

Abrí la boca para intentar decir algo, pero me arrepentí y la cerré, quedándome callada. Algo me decía que le pasaba algo y no estaba bien. Encendí el móvil para ver cuánta batería tenía. Solo un cuatro por ciento.

—Aún queda bastante para que llegue a cincuenta —insinué desviando mi mirada hacia donde él estaba.

—¿Y? —respondió con sus ojos fijos en la pantalla de su móvil.

—Vamos a hablar de algo —insistí.

—Joder, qué pesada... —Dani puso los ojos en blanco—. ¿No te vas a callar hasta que te diga algo verdad?

Negué con la cabeza. Dani suspiró.

—No te conozco de nada y seguramente me arrepienta de contarte esto. Pero voy a confiar en ti porque necesito a alguien a quién contarle cómo me siento y estoy muy solo —volvió a tragar aire. Noté como se esforzaba para no caer en llanto.

—Aquí estoy —le contesté con sinceridad.

—Pues no, no estoy bien, creo que lo has notado —explotó.

—Bueno, si te sirve, no sé que es lo que ha pasado, pero puedo escucharte e intentar animarte —traté de consolarle. Él inspiró lentamente.

—La que era mi novia me ha puesto los cuernos —las lágrimas brotaron de sus tristes ojos.

—Jo, lo siento mucho, quizás no debería haber preguntado —me sentí culpable por verle llorar.

— No, Laura, no pidas nunca perdón por algo que no es tu culpa. Hazme caso —me detuvo.

—Tú tampoco tienes la culpa y eres el que sufre —le respondí y se quedó en silencio unos segundos.

—Porque, coño, ella a mí sí que me importaba —hizo una breve pausa— y me sigue importando. A mí lo que me jode es que después de todo lo que pasamos juntos me hiciera eso y que le importara una mierda —se le quebró la voz—. Al principio todo era espectacular, la pareja perfecta como muchos pensaban. Pero poco a poco la relación empezó a ser tóxica. Era súper celosa. Me dio a elegir entre mis amigos o ella y yo como un tonto la elegí a ella. Porque yo sí que le quería. Y mírame, ahora estoy solo.

—Joder... —no sabía qué decir, solo escuchaba. Me estaba dando mucha pena.

—Ella siempre estuvo rodeada de amigos, yo en cambio los perdí para seguir con ella. Yo era el que siempre daba y nunca recibía. Nunca la traté mal, me preocupaba siempre por ella y me ocupaba de que fuese feliz... Y va y me engaña con el primer pavo que encuentra —siguió explicando.

—Esa chica no te merecía. Fuiste demasiado bueno con alguien que lo único que hizo fue tratarte mal —dije acercándome a él.

—Lo peor es que sigo enamorado de ella y lo odio. No quiero conocer a nadie más. Nunca encontraré a ninguna como ella ni querré a nadie de la misma manera ni con la misma intensidad que como hice con ella. El amor es una mierda —terminó entre sollozos.

El chico estaba completamente destrozado por dentro. Le miré con cara de lástima, no dije nada. No iba a dejarlo así. Me prometí ayudarle, no podía verlo de esa manera. Me limité a abrazarlo. Uno de esos abrazos que de vez en cuando hacen falta y te dicen "todo va a estar bien", sin necesidad de expresar palabras.

Capítulo 3

Dani se apartó de mí y se secó las lágrimas. Se volvió a echar hacia el brazo del sofá y siguió mirando su móvil, cómo si nada hubiera pasado. Silencio incómodo.

Miré el móvil y solo tenía un quince por ciento. Mi móvil es una patata y carga muy lento. Eran casi la una de la madrugada ya.

—Oye, tengo sueño, despiértame cuando llegue a cincuenta —dije dirigiéndome hacia el chico. Si hubiera querido podría haber aguantado más rato despierta, pero me aburría y quería dormir para evitar la situación.

—Vale —me contestó indiferente.

Subí las piernas en el sofá y las doblé sobre mi pecho, acurrucándome de lado en una especie de posición fetal. Cerré los ojos. Me dormí un rato.

Pasado un tiempo, no sé exactamente cuánto, me desperté porque escuché algo moverse. Era Dani, se había levantado para taparme con una sábana. No abrí los ojos, me hice la dormida, no quería más incomodidades. El chaval era frío, pero después del espectáculo que armé en la calle demasiado amable estaba siendo ya conmigo.

Algo más tarde, Dani me tambaleó del brazo para espabilarme y que me levantara.

—Arriba, loca, ya está cargado —susurró, tratando de despertarme.

—Gracias —expresé frotándome los ojos. Quité el cable.

—Espero no volver a tener que pedirte que no tires piedras a mi ventana, la próxima vez no seré tan agradable —comunicó con un tono burlón abriendo la puerta.

Me despedí de él y salí de la casa. Abrí el paraguas para volver a mi hogar. Para mi sorpresa, cuando me giré me percaté de que las luces de mi casa estaban encendidas. ¡Mierda, habían llegado mis padres!

Corrí hacia mi casa, abrí la puerta con las llaves e intenté abrirla sigilosamente, pero no sirvió de nada. Mi padre estaba en el salón y me oyó.

—¿De dónde vienes? —preguntó extrañado. Acababan de llegar, mi madre ya se había subido a dormir. No tenía ni idea de qué hora era, no lo miré.

—De casa de los vecinos de cargar el móvil —declaré. Sonaba muy falso, pero era la verdad.

—¿Y por qué no lo has cargado aquí? —inquirió mi padre.

—Se cortó la luz y vi que la casa de al lado tenía electricidad —le conté tranquila.

—Anda, tira para tu cuarto... —me ordenó. Creo que no me creyó del todo, pero confiaba en mí.

Tengo suerte de tener un padre enrollado. Es un hombre de pocas palabras, no es de pedir muchas explicaciones.

Una vez en mi habitación, metida en la cama dispuesta a dormir de una vez por todas, no podía parar de pensar en el vecino y en todo lo que acababa de suceder.

Para mí había sido todo muy extraño. Mientras me contaba sus dramas amorosos yo solo pensaba "relájate, solo te pregunté si estabas bien". Vale, no, es broma, en verdad sí me daba pena y sí que me sentía culpable por haber sacado el tema.

Parecía uno de esos típicos chicos con sentimientos, pero a los que no les gustaba mostrarlos y preferían hacerse los duros. No me había enterado ni de la mitad de lo que contó sobre su ex, pero preferí no preguntar, sabía que le dolía hablar sobre ese tema. Lo más seguro es que hubiera soltado eso para salir del paso y que le dejara en paz, o tal vez para "desahogarse" con alguien con quien nunca volvería a hablar.

Había sido una locura quedarme hasta tan tarde en una casa de alguien con quien acababa de hablar por primera vez. Es cierto, me podría haber aguantado sin cargar el móvil, solo fui por cabezona, porque estaba indignada de que hubiera pasado de mí. Fue un tanto psicópata, pero no me lo toméis en cuenta.

Al final, no sé cómo, conseguí pegar ojo y dormir un poco.

A la mañana siguiente aproveché para hacer los pocos deberes del instituto que me quedaban. Voy a primero de bachillerato.

Por la tarde había quedado con mis amigos para dar una vuelta y como de costumbre fui a casa de Carla antes. Carla es mi mejor amiga. Solíamos quedar nosotras dos antes de quedar con el resto, para que de esta manera fuésemos juntas y antes tuviéramos un rato para hablar de nuestras cosas.

La casa de Carla es impresionante, muy grande y moderna. Lo que más me gusta es su habitación, me encanta el enorme espejo en el tocador y el gran armario con tantísima ropa.

Carla es muy, muy guapa. No es de extrañar que es una rompecorazones. Es algo más alta que yo y tiene muy buen cuerpo. Tiene el pelo bastante largo y lacio, oscuro pero muy brillante. Sus ojos son claros y tiene una mirada muy seductora. Nariz bonita, labios gruesos... En fin, un bellezón. Y no es solo físico, también es una pasada de persona y puedo confiar plenamente en ella, siempre consigue sacarme una sonrisa. Sabe qué decir en cada situación y da los mejores consejos. La llevo conociendo desde que éramos unas crías y lleva siendo mi mejor amiga desde entonces.

Por otro lado, yo soy rubia con ojos azules. Soy bastante blanquita de piel, lo que hace que contrasten mis ojos y pelo. Mi pelo es larguísimo y muy suave. Mis ojos son grandes y muy expresivos. Mi nariz es redondita y mi sonrisa es larga. No tengo un cuerpo de modelo ni como el de Carla, pero estoy contenta con él. Soy torpe y algo despistada. Sin embargo, aunque no lo parezca, soy bastante inteligente. También soy altruista y me preocupo por el bienestar de otros antes que del mío propio.

Le conté todo lo que me había pasado la noche anterior mientras que ella me planchaba el pelo. Yo estaba sentada en un taburete frente al tocador y ella de pie detrás de mí haciendo de peluquera.

—Tienes razón —Carla opinaba como yo—. Sí, sí que ha sido muy rara la situación con ese chico, pero más raro aún es tirar piedras a la ventana de una casa ajena a esas horas de la noche —me regañó—. Estás completamente loca, Laura —terminó riendo.

Carla a menudo se metía conmigo, pero lo hacía desde el cariño. La quiero muchísimo, es la mejor.

Capítulo 4

Carla y yo somos las únicas chicas de nuestro grupo de amigos. No es que seamos poco femeninas o que queramos llamar la atención de los chicos, como muchos pensarán.

Antes, teníamos un grupo de amigas con las que nos juntábamos desde el colegio. Pero, a raíz de que entráramos al instituto empezaron a cambiar mucho y a comportarse de una manera distinta a la habitual. Siempre querían llamar la atención y caer bien a todos, intentaban ser "populares". A medida que transcurría el curso, cada vez me dejaban más de lado y pasaban de mí. Cuando preguntaba de quedar, solían dejarme en leído o decir que no podían. En más de una ocasión, cacé sus mentiras encontrando a algunas de ellas en la calle cuando supuestamente no podían salir.

Yo no era tonta, me daba cuenta de todo eso, pero habían sido mis amigas por mucho tiempo y no quería perderlas. Cambié de opinión cuando Carla se sinceró conmigo y me contó lo que de verdad estaba pasando. Le hicieron chantaje, mi mejor amiga debía ocultármelo o si no contarían cosas personales suyas y no seguiría perteneciendo al grupo. Ella no estaba de acuerdo ni le parecía bien lo que estaban haciendo esas chicas. Habían hecho un grupo sin mí. Simplemente, de un día al otro, después de tantos años, decidieron que yo no les cuadraba, que no encajaba dentro de su grupito. Decidimos cortar por lo sano y dejar atrás esas amistades tóxicas que no nos hacían nada de bien. Ambas nos alejamos de ellas.

Sabemos que no todas las chicas son así, nosotras tuvimos mala suerte y nos tocó lidiar con unas "amigas" que nos hicieron bastante daño. Nos costó y nos dolió separarnos de ellas. Habían sido nuestras amigas durante mucho tiempo, pero fue lo mejor que pudimos haber hecho.

Mi amistad con Carla se ha ido fortaleciendo a lo largo de los años y por todas las dificultades que hemos pasado y afrontado juntas. Ella es la que me ayuda a ser fuerte cada día. Si no fuese por ella, si no hubiera tenido el valor de separarse de esas chicas, lo más seguro es que me hubiera quedado completamente sola y más aún con lo que me cuesta socializar y conocer gente nueva.

Para nuestra suerte, nuestros nuevos amigos son la ostia.

Coincidimos en la feria al terminar segundo de la ESO y como nos llevamos genial, comenzamos a quedar con ellos de vez en cuando. Somos todos de la misma edad. Cada vez que nos juntábamos era una pasada lo bien que lo pasábamos y queríamos volver a vernos pronto de nuevo. A día de hoy, nos cuidamos y apoyamos entre nosotros, somos una familia.

Nos ven como dos "chicos" más de la pandilla, no nos diferencian del resto por ser chicas. Estar con ellos significa diversión asegurada, incluidas esas interminables tardes en las que no puedes parar de reír, al punto en que te duele la barriga o acabas llorando. Nunca nos aburrimos. Son increíbles.

Ese día, tras arreglarnos en casa de Carla, salimos y nos encontramos con nuestros amigos en la plaza en la que siempre acordábamos vernos. Como de costumbre, llegamos tarde. Nada nuevo. Ya todos estaban acostumbrados, así que ni se hacían los sorprendidos.

Allí estaban Hugo, Pablo, Manu y Álex.

Hugo es el más alto. Tiene gafas, ojos azules, rizos rubios y una preciosa sonrisa. Es ágil de mente y se podría decir que es súperdotado o algo por el estilo. Puede parecer una persona seria a primera vista, pero es un amor.

Pablo es el chico de ojos azules y pelo moreno rizado. Le gusta jugar baloncesto en su tiempo libre y adora a su precioso gato negro. Es un chulo y un fuckboy, pero se le quiere porque tiene un muy buen humor y siempre nos reímos con él, es muy divertido. Aunque parezca que no, tiene un gran corazón.

Manu es el más moreno de piel. Tiene cara redonda, pelo castaño claro y bonitos ojos marrones. Juega al fútbol y es fan de los videojuegos. Tiene un pastor alemán. Es el más majo y el que siempre se atreve a hacer locuras.

Álex es el pelirrojo. Tiene piel clara repleta de pecas y ojos azules penetrantes. Es skater, o sea que es maravilloso. Y bueno... Álex y yo... es complicado. Digamos que estamos de tonteo, pero nada serio. Es muy mono conmigo, me trata súper bien y se preocupa mucho por mí. Disfruto de su cercanía y su cariño.

—¡Buenas, chicos! —saludó Carla a nuestros amigos sentados en un banco.

—Holaaa, perdón por la tardanza —saludé yo también acercándome a ellos.

—Hola, chicas —contestaron Pablo y Manu al unísono sin prestar mucha atención, estaban jugando a algún juego juntos. Ellos dos son mejores amigos.

—No puede ser, solo quince minutos tarde, ¡nuevo récord! —rio Hugo, mientras que el resto le acompañaba con aplausos.

—Holiii —dijo Álex a la vez que se levantaba para, cariñosamente, darme un tierno abrazo.

El resto también se levantó del banco y juntos fuimos dando un paseo hasta el súpermercado a comprar comida. O bueno, eso es lo que la mayoría hicimos. A Pablo y Manu a veces les daba por robar chuches, chicles... Son a los que se les suelen ocurrir las ideas más locas y los que casi siempre la lían.

Más tarde fuimos a un parque donde había muchos niños pequeños y nos pusimos a jugar fútbol con ellos. El plan original de Manu era llevarnos el balón cuando no miraran, pero no se pudo.

—¡Buena, Laura! —gritó Pablo sarcásticamente cuando conseguí quitarle el balón a un niño de unos ocho años.

Yo suelo ser buena en los deportes, pero en fútbol soy ridículamente mala.

Hugo estaba como portero. Un crío me empezó a agobiar persiguiéndome y decidí pegar una fuerte patada al balón para intentar marcar un gol, pero no calculé bien y acabé dejando tuerto a mi amigo en portería.

—¡Gol de Morata! —se oyó Manu desde la otra parte del campo de fútbol.

—¡Buenísima, Laura! —Carla aplaudió.

—Jo, perdón, ¿estás bien? —corrí hacia él, intentando contener la risa. Pobrecito, le di un balonazo en toda la cara. Menos mal que se había quitado las gafas para jugar...

Unos enanos vinieron corriendo a por el balón y siguieron jugando como si nada.

—Estoy bien, estoy bien, solo me arde la cara —contestó sarcástico, con la mano cubriéndose el rostro. El tono en su voz no me dejaba claro si estaba riendo o a punto de llorar.

—¡Hugo, tremendo portero! —se descojonó Álex.

—¡Ha parado la pelota con la cara! —los niños pequeños se meaban de la risa.

—¡En toda la jeta! —soltó uno de tres años.

Ese día nos fuimos pronto a casa, ya que era domingo y al día siguiente había clase. Álex me acompañó a casa. Íbamos solos por el camino cogidos de la mano, hablando de nuestras cosas, riéndonos del patético partido de fútbol... Me sentía a salvo y segura con él.

Cuando llegamos a la puerta de mi casa le abracé para despedirme de él, apretándome fuerte contra su pecho. Álex me siguió con un abrazo de oso, haciendo presión hacia él, provocando que me tuviera que poner de puntillas para poder alcanzarle y conseguir acurrucar mi cabeza sobre su hombro. Separé mi cabeza de su hombro y aún pegada a él, alcé la vista mirando su dulce rostro fijamente. El chico hizo lo mismo y se quedó mirando. Me cogió suavemente de la barbilla y acariciándola me acercó a su cara dándome un tierno piquito.

—Hasta mañana, princesa —se despidió con una sonrisa.

—Nos vemos en clase, —saqué las llaves para abrir—, buenas noches, Álex —terminé diciendo con voz de bebé.

Capítulo 5

Esa semana fue una semana de clases normal y corriente. Exámenes, deberes…

El pueblo en el que vivimos es pequeño, solo hay un instituto. Este año he tenido la suerte de que me tocara en clase con mi mejor amiga, Pablo y Manu.

Lo único interesante de esos días fue la guardia de religión del miércoles. La profesora no asistió porque se había ido a un encuentro diocesano de monjas. No vino ningún profesor de guardia, por lo que estuvimos solos toda la hora. Cada uno hizo lo que le dio la gana, a su bola. Un grupito de chicas se fue a marujear a la esquina de la clase, unos cuantos que querían aprovechar el tiempo leían o hacían deberes, otros se levantaron a escribir y dibujar en la pizarra... Mis amigos y yo nos quedamos sentados encima de las mesas cercanas a las ventanas.

—Nenes, abrid la ventana que hace calor —pidió Carla dándose aire con un libro. Acababa de hacer un examen de recuperación y había salido agobiada.

—¿Hacia qué lado se abría la ventana? —dudó Manu como si estuviera planteándose su existencia entera. El muy inútil ya ni abrir una ventana corredera sabía.

—A la derecha —dijo Pablo con seguridad.

—¿Qué dices? Si es a la izquierda —juraría que había visto deslizarse la ventana hacia ese lado cientos de veces.

—Que no, coño, que es a la derecha —espetó Pablo. Mientras, Manu hacía fuerza en el marco de la ventana para intentar abrirla, sin éxito.

—¡¿Queréis abrir ya la puta ventana?! —Carla se hartó de nuestra patética discusión.

—Manu, aparta —Pablo se levantó y bajó el pestillo, deslizó la ventana hacia la derecha—. ¿Ves, Laura? Payasa —dijo con súperioridad tras llevar la razón.

En ese momento me dio uno de esos típicos venazos de Laura loca y cogí el rollo de papel higiénico que había en la mesa de los profesores. De broma se lo tiré a Pablo, quien lo cogió y me lo volvió a tirar, nos empezamos a pelear tirándonos el rollo. Estábamos jugando y pasándonoslo cuando yo sin querer se lo tiré más alto de la cuenta. Él estaba de espaldas a la ventana y levantó los brazos para cogerlo, pero se le escapó. Tuvimos la mala suerte de que las ventanas de nuestra clase, en el segundo piso, dieran al patio, donde casualmente estaba el jefe de estudios hablando con una profesora.

—¡¿Laura, qué has hecho?! ¡Qué le habéis dado a Don Felipe! —gritó Carla mirando abajo.

—Ha sido culpa de Pablo, el retrasado no lo ha cogido —no sabía si reír o preocuparme.

—A mí no me eches la culpa, eres tú quién lo ha tirado —me reprochó Pablo—, que te gusta tirar cosas a las ventanas, loca —vaciló.

—Chicos, no es por nada, pero creo que el calvo va a subir —nos paró Manu, que estaba junto a mi mejor amiga mirando. La habíamos liado y bien.

Don Felipe, el señor con más mala leche que conocemos, se quedó mirando hacia arriba y tras analizar meticulosamente todo el panorama, apresuradamente se dirigió a las escaleras cabreado. Deberíamos ser el único aula con ventanas abiertas, porque supo exactamente que habíamos sido nosotros. ¿Parte y expulsión a la vista? En menos de dos minutos ya estaba en nuestra clase tocando la puerta, pidiendo explicaciones. Pablo y yo estábamos cagados.

Como Carla era la delegada rápidamente salió a hablar con él, impidiendo que se percatara de que estábamos solos. Rápidamente nos cubrió inventándose que unos compañeros estaban tratando de limpiar el cierre de la ventana y que se cayó por error. Carla habló con convicción y disculpándose con Felipe por aquel incidente, consiguió calmarlo. No solo nos salvó el pellejo a Pablo y a mí, si no también al resto de la clase evitando que llamaran a un profesor de guardia.

—¡Puta ama, Carla! —le agradecimos Pablo y yo a la vez, abalanzándonos sobre ella a abrazarla—. ¿Qué haríamos sin ti? —ya os había dicho que Carla era la mejor.

Más allá de eso no pasó nada más fuera de lo común. Ah, sí, se me olvidaba. Saludé al estúpido de mi vecino y este me ignoró. El lunes en el recreo Hugo ilusionado contaba que por fin iba a tener su primera mascota, ya que era alérgico a los perros y los gatos, su familia asturiana había accedido a traer una cabra. Justo entonces Dani, con auriculares y la capucha puesta, pasó cabizbajo por delante nuestra. Simpática le dije hola. ¿Qué hizo él? Nada. Desvió sus profundos ojos verdes hacia donde yo estaba, mirándome. Obviamente me había escuchado. Se fue sin decir nada.

¡¿Quién coño se había creído?! ¿Por qué había pasado de mí tan descaradamente? No esperaba que se parara a hablar ni nada pero, ¿tanto costaba un hola? ¿Todo lo de aquel día no había servido para acercarnos, o al menos saludarnos? El resto de la semana también nos veíamos llegando a casa, pero hicimos como habíamos hecho hasta entonces: ignorarnos.

Llegó el fin de semana. Carla y yo decidimos quedar para dar una putivuelta. Fuimos a su casa a arreglarnos juntas. Maquillaje, pelo... Carla se puso un precioso vestido corto rojo que marcaba su cintura y en general su cuerpazo. Yo llevaba un vestido corto negro que me quedaba genial y realzaba bastante mi figura.

Una vez vestidas como unas diosas salimos a por un helado y dar un paseo. Hacía mucho que no nos tomábamos un tiempo para nosotras solas, sin chicos. Cuando se hizo más tarde fuimos a nuestro pub favorito, Cherry. No era muy conocido, es decir, no solía haber mucha gente, lo que hacía de aquel oscuro pequeño local un íntimo y acogedor lugar. Nosotras lo conocíamos porque nuestros padres solían llevarnos allí con ellos cuando éramos pequeñas. Carla y yo nos sentamos en unos cómodos sillones en la esquina en la que tanto nos gustaba y empezamos a pedir. El pub estaba únicamente iluminado por una tenue luz acompañada por unos cuantos letreros neón en tonos rojizos. Música de los noventa sonaba inundando la habitación produciendo un encantador ambiente con aspecto retro.

Tras un rato de cháchara y un par de copas, tintineó la campanilla de la puerta y a su paso entraron dos altos muchachos. Al principio no les presté atención, no distinguía quién eran esas personas debido a la poca claridad del local. Los chicos directamente fueron a sentarse a la barra y empezaron a beber. Uno de ellos me sonaba, se me hacía muy familiar.

—¿Nena, a quién miras tanto? —se extrañó mi mejor amiga viendo cómo hacía un esfuerzo para ver.

—¡Ah, ostia! —me atraganté con mi bebida cuando descubrí que se trataba de mi vecino—. ¿Te acuerdas del chico del que te hablé, ese tan raro? Está ahí —dije exaltada mientras intentaba no toser.

¿Por qué estaba Dani allí? ¿Qué hacía acompañado? ¿No se suponía que estaba solo, sin amigos? ¿Acaso me había mentido? ¿Y si esa noche se inventó toda esa historia solo para burlarse de mis sentimientos, reírse de que me compadeciera y que me diese pena una historia tal vez inventada? Esa charla fue patética y ese abrazo seguramente le había parecido hasta extraño o incómodo. ¿Quién coño se duerme en el sofá de alguien que ni conoce? Solo yo, la loca de las piedras. Ya sé que nos estábamos ignorando, pero las dudas inundaban mi cabeza y las ganas de enterarme de qué estaba pasando me podían. Me levanté bruscamente del sillón, decidida a ir a preguntarle.

—Laura, para —Carla me detuvo seria, agarrándome fuertemente del brazo—. Sea cual sea la locura que estés apunto de hacer, no la hagas —me pidió con una mirada suplicante, viendo mis intenciones—. Contrólate, por favor.

La miré a los ojos. Carla tenía razón, solía salvarme el pelo impidiéndome hacer de las mías, evitando que la cagara. Puede que lo mejor fuera pasar de él, total, al imbécil no le importaba ni lo más mínimo. Estaba a punto de rendirme y calmarme, pero giré mi cabeza y volví a ver a Dani. Devolví la mirada hacia mi mejor amiga.

—Lo siento, Carla —me solté de ella.

Me iba a poner en ridículo de nuevo, pero al igual que la última vez, tampoco me importaba. No podía resistir mis impulsos.

Capítulo 6

Me giré y decidida fui hasta Dani, pisando fuerte. Una vez que estaba tras su espalda, le toqué el hombro.

—¿Por qué me has mentido? —inquirí mirándole muy seria.

—¿Qué? ¿Qué haces tú aquí? ¿De qué hablas? —él rápidamente se giró y me miró desconcertado. El otro chico con el que estaba también dio la vuelta sobre su taburete para ver.

Carla se levantó también y me siguió hasta la barra. Soy muy cabezota y ella debería haberme mandado a la mierda, pero aunque no le hubiera hecho caso, ella aún así intentaba salvarme.

—Laura, déjalo —me ordenó mi mejor amiga—. Vámonos —me agarró del brazo, indicando que dejara ya de hacer el ridículo y nos fuéramos.

—No, da igual —se dirigió Dani a Carla—. Laura, ¿se puede saber qué quieres? —clavó serio sus ojos verdes en mí.

Abrí la boca para decir algo pero mi amiga me apretó aún más el brazo, hincando un poco sus uñas, como señal para que me relajase y no soltara cualquier tontería. Inspiré hondo y dije:

—¿Sales afuera y hablamos? —solté tras pensar que lo más sensato sería no armar un espectáculo allí dentro.

—Mira que eres pesada, ¡que no quiero hablar contigo! ¡no somos amigos! —contestó borde.

—Por favor —le insistí manteniendo contacto visual.

—Bueno, venga... —suspiró rindiéndose tras dudar y me acompañó fuera.

A la salida, juntos nos sentamos en el pollete de la gran vitrina del rojizo pub. Estábamos uno enfrente del otro, apoyándonos sobre los laterales opuestos de las pequeñas paredes que enmarcaban el cristal. La noche era oscura y estaba chispeando. Había humedad, lo que significaba que en breve mi pelo se bufaría y acabaría hecho un asco, pero no me importaba porque necesitaba estar en un lugar más tranquilo para calmarme y hablar con ese chico. Hacía frío, mucho frío. Agarré los extremos de mi chaqueta y me envolví en ella, cruzando los brazos sobre mí misma, para mantener algo de calor corporal.

—Que hables ya, que no tengo toda la noche, —se impacientó al ver que no hablaba— di lo que tengas que decir y me dejas ya en paz de una vez por todas —se hartó. Él sacó de su bolsillo un paquete de tabaco y encendió un cigarrillo.

—¿Qué haces aquí? —solté. Yo miraba abajo tímida perdiendo mi mirada en la piedra del poyete. En ese momento me replanteaba si lo que estaba haciendo había sido una de mis tonterías psicópatas o no.

—No tendría que darte explicaciones —respondió sin emoción con el cigarrillo aún en los labios—, pero sé que no me dejarás en paz si no te lo digo —inhaló un poco—. He venido aquí con Mateo —seguidamente soltó una nube de humo y vaho que se formaba en el aire por el frío—. ¿Era eso? ¿Me puedo ir ya?

—¿Pero por qué me mentiste? ¿No decías que no tenías amigos? —inquirí. Se me hacía molesto el olor del tabaco pero no me quejé.

—Laura, no tengo amigos —contestó rápidamente dolido—. Mateo y yo somos compañeros de clase —dijo mirando el cielo. Sus ojos se iluminaban por las rojas luces reflejadas y también algunas de la calle—. Quedamos porque supuestamente teníamos que hacer un trabajo juntos... pero bueno, aquí estamos —soltó una pequeña sonrisa. Dani y Mateo son de segundo de bachillerato, un año mayor que nosotros—. El tío me ha caído muy bien, es muy interesante. Su padre es el dueño del pub, ¿lo sabías?

—No sabía que tuviera un hijo... —no sabía qué decir, estaba blanca. Había armado una película de la nada. Me sentía ridícula.

—Pues sí —volvió a darle otra calada a su cigarrillo—. No te he mentido, Laura. Lo que te conté aquel día que me tiraste piedras era verdad —suspiró—. Por favor, no lo cuentes a nadie —su mirada se perdía en el infinito de la noche—. Ni siquiera sé porque te conté eso, estaba muy sensible ese día y tú, a pesar de atacar gratuitamente mi casa, no sé cómo me diste confianza. Perdón por molestar y soltarte todo ese rollo, no entenderías nada. Mejor olvídalo, ¿sí?

—Siento haber montado todo este dramón. Si es lo que quieres, ignoraré lo que me dijiste, pero quiero que sepas que si necesitas algo puedes decírmelo e intentaré hacerte sentir mejor. Sé que no somos amigos, pero no me gusta ver a nadie así —contesté sincera.

—No te preocupes. Gracias, tal vez hablemos algún día —volvió a sacar el paquete de su bolsillo—. ¿Quieres? —me ofreció cambiando de tema.

— No, gracias —le respondí rápidamente. Seguía tiritando de frío.

—No te rayes —creo que notó mi cara de asco—. No soy un porreta ni nada de eso. Desde que me pasó... bueno, eso... —se refería a lo de su ex, lo que me dijo que olvidara—, empecé a fumar un poco, pero no soy un adicto. Me ayuda a olvidarme de todo.

Empezó a llover más fuerte, el sonido de la lluvia cayendo y salpicando en la carretera mojada era cada vez mayor. Un gran relámpago que iluminó todo me sorprendió e hizo que diera un pequeño saltito. Tras unos pocos segundos se escuchó un estruendoso trueno con el que ya sí que me asusté y como acto reflejo agarré fuerte el brazo de Dani.

—Será mejor que entremos —sugirió mi vecino viendo la situación. Asentí y fuimos adentro.

Durante todo el tiempo que duró nuestra conversación Carla y Mateo se habían quedado juntos dentro y habían hecho muy buenas migas.

— ¡Tía, tía, tía! ¡Está como un puto tren! —corrió al verme y me susurró al oído Carla emocionada, hablando del compañero de Dani. Mateo es altísimo con músculos, su abundante pelazo castaño claro va a juego de sus intensos ojos marrones y tiene una recta nariz preciosa y labios gruesos que armonizan su rostro—. ¡Osea es que es perfecto! ¡Le gusta leer, la poesía, la astrología...! ¡Es monísimo joder! —era la primera vez que le escuchaba hablar así de un chico. Carla era la típica a la que nunca le gustaba nadie, pero esta vez era distinto. Yo sonreía.

—¿Os apetece jugar un billar? —se acercó Mateo simpático a donde estábamos los tres. Pensé que al entrar cada uno tomaría su camino y no hablaríamos más, al menos no por esa noche.

—¿Por qué no? —respondí rápidamente.

Capítulo 7

—Yo no tengo ganas —contestó Dani sin emoción alguna.

—Anda, tío, vamos a reírnos un rato. Hazme caso, lo vamos a pasar bien —intentó animarlo su compañero. Pero la expresión apagada en el rostro de mi vecino mostraba como aún no estaba convencido.

—Bueno, tal vez para otra ocasión —pronunció Carla desilusionada—. Gracias por todo, Mateo, un placer —se despidió amable y nos dimos la vuelta para irnos, pero algo nos detuvo.

—¡No, esperad! —Mateo agarró de la muñeca a mi mejor amiga provocando que nos volviéramos a girar y que Carla se pusiera colorada—. Vamos a apostar para hacerlo más interesante —metió decidido una moneda a la elegante mesa de billar, que estaba iluminada desde arriba por una gran lámpara retro. Se oyeron caer las bolas produciendo ese satisfactorio sonido de impacto entre ellas—. Durante una semana los perdedores tendrán que hacer lo que les pidan los ganadores. Hacerlo todo, si no tendrán que pagar cincuenta euros. Dani y yo contra vosotras dos.

—Uy, ahora sí que me interesa —sonó Dani pícaro. He de admitir que me dio miedo.

Dani acercó un taburete de la barra a la mesa. Cogió un palo y se sentó.

—Cuando queráis —dijo impaciente pasando esa diminuta tiza azul por la punta del palo.

Eso de la apuesta me echaba un poco para atrás. ¿A que se referían? ¿Qué tipo de cosas iban a ordenar? Luego recordé que a Carla y a mí se nos da muy bien este juego. Ganábamos la mayoría de las veces que jugábamos aquí de pequeñas. Empezaba a sonar divertida la idea de tener a dos chavales del último año de instituto como nuestros esclavos una semana. Justo también me acordé de que la última vez que jugamos fue hace mucho tiempo y contra críos menores que nosotras.

Pero ya era tarde para echarse atrás. Todos estaban escogiendo sus palos. Ya que todo el mundo había decidido jugar, no iba a ser yo la única que no aceptara la apuesta. Además, a Carla se le veía emocionada y súper embobada con Mateo. No le podía decir que no. Cogí el último palo que quedaba y me hice una coleta baja con el coletero que llevaba en la muñeca para que no me molestase el pelo ahora que estaba hecho mierda por la humedad.

Colocaron las bolas con el molde triangular sobre la aterciopelada tela verde de la mesa. Nosotras elegimos las bolas lisas y ellos las rayadas.

Ellos empezaron bastante bien, metiendo dos de un solo tiro. Nosotras sorprendentemente también estábamos jugando muy bien. Íbamos empatados. Había mucha competitividad y continuo vacileo.

Era el turno de mi amiga cuando se posicionó para meter una de las bolas, pero Mateo le paró.

—Espera, te ayudo —el chico amable se acercó a ella y apoyando una de sus manos en la cintura de Carla le enseñó cómo colocarse de la manera correcta para el tiro—. Es mejor así —se apartó.

—Gracias —le contestó ella, coqueta. Fue a tirar al fin pero como el chaval la puso nerviosa e iba un poco atontada se confundió de bola y terminó metiendo la negra.

Habíamos perdido. Todo porque la boba de Carla se puso tonta por una mano en la cintura. Los chicos vitoreaban alegrándose por su victoria.

—Carla, ¡¿qué coño te pasa?! —le grité. Carla no era así. Ella nunca se ponía así por ningún chico. Es la chica que conozco que mejor se podría adaptar a la definición de "fuckgirl".

Ni modo, por su culpa ahora tendríamos que seguir las órdenes de dos tíos mayores que nosotras. Lo mejor es que uno de ellos me la tenía guardada por tirarle piedras. No sabía que tan mal podría salir eso.

—Umm, ahora toca pensar qué os mandaremos hacer —pronunció deteniéndose pensativo Mateo, sujetándose la mandíbula con los dedos.

—A mí no me mires, bro, eres tú el listo —le respondió Dani a la vez que guardaba los palos de nuestra fallida partida de billar—. Creía que habías pensado en algo, tú tuviste la idea —terminó y acercándose otra vez a su compañero se pasó los dedos por el pelo para peinarse.

Carla y yo intentábamos contener la risa. Eran patéticos...

—Emm —titubeó el hijo del dueño del bar, rascándose la nuca—. Bueno, ¿sabes qué? Tenemos toda la semana, se nos irá ocurriendo algo —ideó dirigiéndose a mi vecino—. Tomaros hoy como vuestro día de descanso. Disfrutad de vuestra libertad el resto de la noche.

—Pero, nene —le detuvo Dani—, no se lo pongas tan tan fácil, aunque sea aprovéchate un poco, mira —se volvió hacia nosotras y señaló firmemente a la barra—. Nos invitaréis a la siguiente ronda.

Nos sentamos todos en la barra, comenzamos a pedir. Mientras bebíamos en ese encantador ambiente de letreros neón estuvimos charlando, y he de decir que pasamos un buen rato. Pensaba que sería desagradable, pero quién lo diría, me lo pasé muy bien. Comenzaba a encontrarle el puntillo al humor sarcástico de Dani, lo que me hizo cambiar mi mal parecer sobre él. Hay que admitir que en el fondo no es tan repelente como parece. Después de todo, ese estúpido chico me empezaba a caer bien.

Ya había cesado la lluvia, así que cuando terminamos de beber decidimos abandonar el pub e ir a un parque cercano, para cambiar un poco de aires. La carretera estaba empapada y las calles desprendían algunas pequeñas luces y reflejos por el brillo del agua. Dio la casualidad que justo Manu y Pablo estaban allí, en una pequeña cancha jugando baloncesto. Nos abalanzamos corriendo hacia ellos y les dimos abrazos. Pablo el social saludó amigable a "nuestros amos", les ofreció jugar baloncesto y sorprendentemente ellos aceptaron.

—Ala, vuestra primera tarea como esclavas —Dani se empezó a quitar el abrigo—. Bueno o más bien... —me tiró su abrigo a la cara y me lo comí porque iba distraída— Percheros.

Pablo no pudo contener la risa. Mateo repitió lo mismo y le dió su chaqueta a Carla. Se pusieron a jugar y era un espectáculo verlos, lo hacían muy bien. Tras un rato Mateo dijo:

—Chicas, tengo vuestra próxima orden —se acercó desde la canasta dando zancadas. Se puso frente a

Carla. De la chaqueta que ella sostenía sacó algo de dinero—. Id a comprarnos comida —dijo mirando sonriente a mi mejor amiga.

Las máquinas expendedoras estaban a una calle, así que no nos llevó mucho tiempo conseguir unas cuantas bolsas de patatas y paquetes de galletas. En el pequeño trayecto Carla se acercó la chaqueta de Mateo a la cara y la olió.

—Tía, ¿qué haces? —le llamé la atención. Mi amiga estaba perdiendo la cabeza por aquel alto castaño.

— Nada, nada —se incorporó rápidamente.

Llegamos al parque y nos sorprendimos al ver allí también a Álex, a Hugo y sobre todo... a Tomacho, la cabra mascota. Nuestros amigos los habían llamado.

Le dimos la comida a Mateo y fuimos a saludar a los recién llegados. Corrimos hacia la cabra con correa para conocerla. Era una cría súper mona, blanquita y con unos mini cuernos adorables.

—Anda, mira, si tiene cuernos, como yo —soltó Dani viendo al animal. No sabía si reírme estaría feo o no.

Después de acariciarla un rato, ya por fin abrazamos a nuestros amigos. Hugo estaba súper feliz por su nueva mascota.

Álex se aproximó lentamente a mí y mordiéndose el labio miraba mi vestido y mi cuerpo de arriba a abajo.

—Dios, Laura, estás preciosa —posó sus manos en mi cintura. Yo no podía evitar mirar a sus preciosos ojos de un azul tan intenso que tanto brillaban esa noche, me encantaban. Delicadamente pasó sus manos a la parte baja de mi espalda y acercándome a él me besó tiernamente para darme la bienvenida—. Oye, ¿de quién es eso? —señaló el abrigo de Dani, desconcertado.

— De Dani, mi vecino. Carla y yo seremos sus esclavas y las de Mateo durante una semana porque perdimos una apuesta —le contesté sincera y nos fuimos hacia dónde estaban los demás comiendo lo que habíamos comprado.

—¿Y a nosotras no nos dais? —se quejó Carla—. ¡Qué falta de respeto!

—¡Tenéis que obedecer órdenes, no pedir comida! —le contestó vacilón Pablo. Dani le chocó.

—¡Cállate Pablo! —le dije. A veces es muy payaso.

—Si queréis comer no va a ser fácil. Venga, intentad atraparlas con la boca —mi vecino comenzó a lanzar las patatas al aire.

Mi amiga y yo intentábamos que cayeran en nuestras bocas, pero la mayoría se precipitaban al suelo. Pero no se desperdiciaban, Tomacho estaba ahí para comérselas.

Cuando se hizo más tarde decidimos volver a casa. Dani y yo fuimos juntos, ya que vivíamos al lado. El agua salpicaba del suelo por nuestros pasos al andar.

—Y el pelirrojo ese... ¿es tu novio? —me preguntó curioso.

—No —le contesté con la verdad.

—¿Y ese beso? Los que son solo amigos no se besan —siguió insistiendo.

—¿Qué más te da? —le respondí para que dejara el tema. No hay necesidad de que los demás se metan en relaciones (o no relaciones) ajenas.

Le cambié de tema y estuvimos hablando un rato del instituto, criticando a los profesores...

—Oye, ¿y se puede saber por qué no me saludas en el insti ni nada? —le pregunté cuando llegamos a la puerta de mi casa.

—No quiero que vean hablar con una loca tira piedras —se despidió divertido. Yo me crucé de brazos riendo. Estaba por entrar ya a casa cuando escuché su voz gritar desde su entrada—. Pero, ¿sabes qué? Ya que eres mi esclava, me lo pensaré.

Capítulo 8

Era lunes otra vez. Vuelta a la rutina. Normalmente suelo ponerme la alarma veinte minutos antes de que empiecen las clases. Pero ese día, no fue la alarma lo que me despertó.

Estaba plácidamente en mi cama durmiendo, completamente tapada con las suaves sábanas acurrucada sobre la blandita almohada. Estaba disfrutando del sueño, cuando sobre las siete y cuarto, un pequeño golpe se escuchó a mi lado, donde estaba la ventana. Y otro, y otro... Me froté los ojos e intentando no ser cegada por la luz me giré para ver qué pasaba. Iba un poco zombie pero conseguí identificar a alguien en aquel pequeño patio. Era Dani. Tirando piedras. Tenía un papel en la mano que decía "Arriba loca, llévame la mochila".

¿Qué opinaba a esas horas tirando piedras? Podría haber despertado a mi hermana Raquel, que dormía en la misma habitación. Luego recordé que yo le hice lo mismo. Mira que eres tonta. Saqué un papel y le di mi mensaje: "No. Es muy temprano aún"

Cerré las cortinas y volví a acostarme. Creí que ahí acabaría todo, que Dani iría por su cuenta al instituto, pero me equivocaba. Sonó el timbre de casa. Despertó a mi familia. Me levanté para contestar, sabía exactamente quién era. Iba a mandarlo a la mierda a través del telefonillo, pero mi madre se adelantó.

—¿Quién es? —mi madre descolgó el telefonillo y contestó con un tono de voz serio y grave.

—Soy yo, subnormal —dijo mi vecino pensando que quién respondía era yo.

Mi madre puso una mirada desconcertada y tranquila volvió a poner el telefonillo en su sitio, sin abrir. Me miró cruzada de brazos, sabía que yo tenía algo que ver. Le dije que luego le daría explicaciones y bajé las escaleras corriendo. Abrí un poco la puerta y asomando solo mi cabeza a través del hueco visualicé al idiota de mi vecino allí.

—¡¿Estás tonto o qué?! ¡Has despertado a todos! ¡Y le has dicho subnormal a mi madre! —le chillé.

—Ahí va... Pues... Emmm... ¿Lo siento? —dijo con una pequeña sonrisa al final, rascándose la nuca y levantando los hombros. Parecía que lo hacía como venganza y todo, por aquella noche en la que me quedé sin electricidad.

—Anda, espérate diez minutos —resoplé y fui corriendo a vestirme, peinarme y coger mis cosas.

Me pasé rápido por la cocina, saqué del frigorífico un cartón de leche al que le pegué dos tragos y cogí del mueble unas cuantas galletas para comérmelas por el camino.

Refunfuñando volví a salir y bruscamente, sin siquiera mirarle, le agarré la mochila y me la colgué de un hombro. No era muy pesada, llevaba muy pocos libros. Empezamos a caminar hacia el instituto.

—Si tuviese tu número no tendríamos que comunicarnos por cartelitos y por consecuencia no molestar a tu familia ni tirar piedras a tu casa, ¿no crees? —se chuleó para intentar darme tema de conversación.

—Bonita forma de pedirme el número —le contesté aún sin mirarle, frunciendo el ceño.

—Te ordeno que me lo des —dijo con una sonrisa tonta en sus labios— y de paso el de tu amiga también —se rió.

A regañadientes, saqué mi móvil del bolsillo y le di a añadir contacto. Él se añadió como "Mi amo" y se mandó por WhatsApp el contacto de Carla. Me devolvió mi móvil y sacó el suyo. Tras teclear algo se empezó a reír.

—¿Qué te hace tanta gracia? —le pregunté.

— El nombre que te he puesto —me enseñó la pantalla con nuestro chat y arriba ponía "Loca tira piedras". No pude evitar soltar una pequeña risa.

— En fin —volví a mirar hacia delante—. ¿Por qué estamos yendo tan temprano? Queda aún un buen rato para que empiecen las clases —me extrañé viendo la hora.

—Suelo entrar antes y así evitar toparme con cierta gente —confesó Dani. No me hizo falta preguntar para saber que su ex y que estuviera solo tenía algo que ver.

Nos acercamos al instituto y en la puerta de este me despedí de él y le devolví la mochila. Yo me fui hacia mi clase, pero la puerta estaba cerrada, así que me quedé sentada con mucho sueño en el banco que había en el pasillo de las aulas de mi curso. No pasó mucho tiempo hasta que llegó Hugo, el cual es un estudiante ejemplar y muy responsable.

—¿Laura? ¿Tú? ¿Llegando temprano? *Jaja no kapasao* —se sorprendió mi amigo al verme y se sentó a mi lado. Tenía un folio arrugado en la mano, era su resumen para su examen de latín.

Le conté todo lo sucedido y él se reía repitiendo una y otra vez lo pringadas que éramos Carla y yo. Llegó Felipe, el jefe de estudios malhumorado, y abrió nuestras clases. También felicitó a Hugo dándole la noticia de que le habían escogido para irse una semana de intercambio a

Polonia. La cara de Hugo se iluminó, sus ojos azules brillaban. Le di la enhorabuena con un fuerte abrazo.

—Nena, Polonia, ¿te lo puedes creer? —expresó con mucha ilusión cuando se alejó el jefe de estudios—. Los polacos se conocen porque están puto cepados de la cabeza; aparte de buenas fiestas, alcohol, drogas... Y si te descuidas, es como Murcia, porque te roban las ruedas, el calzoncillo y un riñón —dijo con humor—. Además, el idioma es la ostia, tiene similitudes lingüísticas con Rusia —otro país que le flipa.

Conforme pasaba el tiempo, iba llegando más gente y llenándose el pasillo. Sonó la sirena indicando la hora de empezar las clases. Entramos cada uno a su aula. Más tarde, en el recreo, los amigos estábamos sentados en nuestro banco habitual. Ese día, Carla y yo habíamos comprado unos croissants en la cafetería del instituto.

Estábamos desayunando y hablando de nuestras cosas cuando pude ver a Dani solo y cabizbajo de nuevo, apoyado contra una lejana pared escuchando música y mirando a la nada, seguramente esperando a que pasara el tiempo sin ningún remedio. Le pillé mirándome en varias ocasiones pero no me saludaba.

Mateo se paseaba por el patio con un par de chicos cuando vio a mi vecino. Se acercó a él y tras intercambiar unas cuantas palabras consiguió que se acercara al grupo de personas con quién había venido.

Los vi tendiéndose las manos, por lo que supongo que se estaban presentando.

Hugo estaba contando a Carla lo de Polonia. Manu, Pablo y Álex estaban jugando a un juego en el móvil y pegándose codazos entre ellos. Álex se aburrió y me dejó su móvil para jugar por él.

Pasó poco tiempo hasta que gané la partida y justo levanté la cabeza, encontrándome enfrente nuestra a Dani y Mateo.

—Buenas, gente —Mateo esbozó una sonrisa.

—¿Qué queréis? —contestamos las chicas sin mucho ánimo, sabíamos que venían a pedirnos algo.

—Lo primero, vuestro desayuno —ordenó mi vecino tendiendo la palma de la mano hacia arriba y su compañero repitió su acción.

—Segundo, pasaros por mi clase antes de que empiece la última hora —pidió Mateo con una divertida mirada—. Tengo otro encargo para vosotras —se fueron llevándose lo que quedaba de nuestros desayunos.

Terminando el recreo, nos fuimos hacia las escaleras que llevaban al edificio de bachillerato. Cuando subíamos estas con nuestros amigos dio la casualidad de que "nuestros amos" y otros estudiantes de segundo de bachillerato estaban delante nuestra, pero sin aún percatarse de nuestra presencia. A Manu se le ocurrió la magnífica idea de empujar a mi amiga hacia delante haciéndola tropezar. Carla tuvo la mala (o buena) suerte de que detuvo la caída con Mateo. Para frenar la caída apoyó su mano en lo que ella cree que era la parte baja de su espalda, o tal vez más abajo, no estaba segura. Mateo se giró extrañado y Carla le pidió perdón muerta de la vergüenza. Nuestros amigos soltaron unas estruendosas risas.

Pasaron las horas y Carla y yo nos presentamos por aquella clase de segundo de bachillerato, tal y cómo Mateo había ordenado.

Capítulo 9

Mateo estaba esperándonos apoyado en el marco de la puerta. Dani estaba otra vez solo, dentro del aula, sentado en su sitio con los pies encima de la mesa. Su compañero entró a por él y lo animó a salir de la clase.

—Tomad —Mateo dividió por la mitad un tocho de folios—. Para mañana si podéis —nos dio a cada una un montón.

—Es una broma, ¿no? —soltó Carla viendo que eran fichas de ejercicios de dibujo técnico. Esperaba que el llamarnos con tanto interés para ir hasta aquella clase hubiese sido por algún motivo más relevante que pedirnos hacer unos simples deberes.

—Emm, no —pronunció Mateo acomodándose el pelo—. Tranquilas, os da tiempo de sobra, son muy fáciles y rápidas —aclaró.

Al día siguiente, a la hora del recreo, le dimos a Mateo las actividades que, sin mucho ánimo, la tarde anterior mi amiga y yo nos entretuvimos haciendo.

El resto de la semana los dos chicos siguieron ordenándonos algunos quehaceres. Dani pactó conmigo prometiendo que no volvería a despertar a mi familia ni insultar a mi madre a cambio de que yo me pusiera la alarma antes para llevarle la mochila. Cada día se hacía más recurrente el vernos todos y saludarnos en el instituto. Varios días tuvieron la idea de que saliésemos del instituto la hora del recreo para mandarnos hacer retos. Se suponía que nuestros amos eran los dos alumnos de segundo de bachillerato, pero en unas cuantas ocasiones era el muy payaso de Pablo era el que ideaba. Nos pidieron hacer todo tipo de locuras; desde las más tradicionales, como hacer "la mano negra" o robar chuches; hasta las más random, como tirar naranjas a balcones o "tomar prestados" servilleteros de bares. Es cierto que estábamos actuando bajo su voluntad sin poder negarnos, pero también lo pasamos en grande.

Llegó el viernes y quedamos el grupo de amigos. Manu propuso que se unieran también Dani y Mateo. Hugo llevaba a su cabra mascota con correa. Acabábamos de levantarnos del banco de nuestra habitual plaza y habíamos empezado a caminar por una calle del pueblo cuando nos dieron nuestra primera orden: robar las bolsas de pan colgadas en las puertas. Que conste que sabemos que eso estaba mal, pero las asalvajadas ideas de nuestros amigos iban a misa si Dani y Mateo estaban de acuerdo. Tuvimos peleas de espadas con las baguettes hasta que nos aproximamos a un bazar a las afueras del pueblo.

Entramos porque Álex tenía que comprar unas tuercas para su skate. Dani y Mateo esperaron fuera cuidando de

Tomacho. Los demás, una vez dentro, nos pusimos a churretear la tienda entera. Carla y yo en la sección de lencería mirábamos y nos reíamos de la variedad de ropa interior, mi mejor amiga se encontraba apretando el relleno de uno de los sujetadores, cuando Manu apareció al final del pasillo y tras ver la escena se detuvo poniendo los ojos como platos y volvió por donde había venido sin decir nada. Pablo estaba con Hugo en la sección de juguetes.

—¿Qué vas a hacer con eso? —le preguntó Pablo al ver que cogía un yoyó.

—Ah, nada —el chico de gafas se metió el juguete en el bolsillo del abrigo—. Robarlo —respondió sin ninguna preocupación.

¿Para qué quería un yoyó? Para nada. Solo le hacía ilusión llevárselo. Hugo suele ser el responsable y el ejemplo a seguir, pero esa noche se mal influenció por el aire delictivo del resto. Lo que no sabía es que un bajito y viejo asiático, uno de los trabajadores de la tienda, caminaba atento por todos los pasillos y vigilaba con cautela cada uno de los movimientos de los clientes.

Álex se limitó a pagar lo que había comprado y ya salimos de ahí. Fuera nos encontramos con la sorpresa de que la cría de cabra había arañado un coche blanco aparcado cerca de la puerta del bazar. Antes de que nadie pudiera reconocernos, para no cargar con la culpa, nos alejamos lo más rápido posible, empezando a adentrarnos en el campo, camino hacia un claro con asientos de roca que conocíamos. Era un lugar mágico que pocos conocían, repleto de naturaleza, con maravillosas vistas al cielo y paisajes.

A medida de que avanzábamos en aquel camino todo se iba oscureciendo. Tomacho era súper adorable, corría y saltaba feliz. Dani, Mateo y Pablo se escondieron para gastarnos una broma y asustarnos. Lo que no sabíamos, era que corríamos más peligro del que pensábamos y que esa felicidad sería efímera.

Una vez en el claro, nuestros amigos salieron a la carretera a juguetear con la cabra y hacer carreras con ella. Las chicas, Dani y Mateo nos sentamos en las rocas para comernos lo que quedaban de las robadas y aplastadas barras de pan. No veíamos a nuestros amigos porque estaban algo alejados y además había árboles en medio que impedían la visión, pero sí que los escuchábamos.

Estábamos divirtiéndonos y pasando el rato cuando oímos un vehículo viniendo por la carretera por donde habíamos venido, algo muy, muy inusual. Llevaba las luces bajas y cuando se acercó más a nosotros aceleró, algo que nos alarmó. Pasaron pocos segundos para que escucháramos un horrible golpe, un preocupante balido y muchos, muchos gritos.

Fuimos corriendo hacia la carretera y lo único que nos dió tiempo a ver fue una aterradora escena de un coche blanco alejándose a toda velocidad, a Hugo dolido en el suelo de rodillas cubriendo y aferrándose con fuerza al moribundo cuerpo de Tomacho, y a Pablo, Álex y Manu con la cara blanca, traumatizados.

El culpable, dado a la fuga, había sido el macabro asiático del bazar, mal de la cabeza. Parecía que el viejo señor ya estaba resentido porque robaran en su tienda, pero lo que realmente le había molestado era que dañaran su preciado coche y por eso, nos había perseguido buscando venganza. Aprovechó y con rabia se abalanzó en el momento idóneo para intentar atropellar a Hugo. Nuestro amigo tuvo un mínimo de suerte y se dio cuenta, aunque no sirvió de mucho, porque no le dio tiempo a apartarse más. El coche le golpeó un lateral del cuerpo y salió despedido unos cuantos metros, haciendo que se golpeara fuertemente contra el suelo y que rasgara dolorosamente su piel con el áspero asfalto de la carretera, produciendo grandes moratones, que saltara algo de sangre y que sus gafas se rompieran haciendo así un corte en su cara. Pero, sin embargo... desgraciadamente Tomacho no tuvo la misma suerte. La rueda del coche había aplastado su tronco por completo, se estaba desangrando.

El rubio miraba con fuerte agonía y resentimiento en sus ojos a la única mascota que había tenido, en aquel frágil estado entre la vida y la muerte. Nunca había visto a

Hugo con tanto dolor e ira. Los chicos gritaban angustiados. No pude evitar llorar.

Mateo se acercó lentamente para observar al débil animal. Estaba completamente aplastado, perdiendo mucha sangre... no había nada que pudiera salvarle. Solo quedaba sacrificarla para darle fin a su gran sufrimiento. Hugo se despidió llorando desconsoladamente de Tomacho acariciando por última vez su cabeza y pequeños cuernitos. Dani y Mateo serios y tristes se lo llevaron, adentrándose al campo para acabar con su insalvable vida, tal vez usando alguna roca.

La pequeña cabra más adorable con la que habíamos pasado tan divertidos momentos ya no sufría más.

Siempre te recordaremos, Tomacho.

<u>Capítulo 10</u>

El sábado fue un día de luto para todos. Nadie tenía ánimos para salir después de los traumatizantes acontecimientos del día anterior, nos quedamos en casa. Yo estuve estudiando, o al menos eso intentaba, porque el dolor de cabeza causado por el recuerdo de Tomacho me atormentaba.

El domingo me pasé la mañana también estudiando y repasando para los próximos exámenes. Ya me sabía el temario y los conceptos bien. Para mí es bastante fácil quedarme rápido con las cosas. Le conté a Álex mi situación y me propuso dar una vuelta por la tarde para que me diera el aire y así despejarme.

Con una tierna sonrisa, me recogió de casa en su skate, había tenido el amable detalle de comprar mis chuches favoritas para animarme. Yo no tenía mucha práctica con el skate, apenas sabía montarme y moverme hacia delante, pero con él a mi lado acompañándome para que no cayera, nos dirigimos hasta el parque. Allí merendamos y él estuvo intentando algunos trucos nuevos. Cuando empezó a oscurecer y a hacer más frío, me dejó su sudadera. Me quedaba enorme, hasta las rodillas, era súper calentita, y lo mejor... olía a él. La prenda tenía ese encantador aroma dulce tan característico suyo.

Nos sentamos en la zona de césped a ver el atardecer. Su rojizo pelo estaba revuelto por el viento y sus ojos azules destellaban por los últimos rayos de sol. Me hizo algunos mimitos en el cuello y besó mi frente para después molestarme poniéndome la capucha de su sudadera. Jugueteábamos y disfrutábamos el paisaje.

—Pide un deseo —me dijo arrancando y dándome dientes de león, aquellas blancas flores que se soplan para pedir deseos.

—Que no os canséis de mí —me abrí revelando mi mayor miedo—. Algo que tarde o temprano acabará ocurriendo —dije con pena cabizbaja. La soledad era lo que más temía.

Me siento muy reemplazable. Constantemente pienso que pronto le dejaré de importar a todos y se aburrirán de mí con facilidad, como ya pasó una vez con aquellas chicas a las que llamaba amigas. Que en cualquier momento, dejen de tenerme en cuenta y de nuevo, no tener a nadie.

—Laura... nos tienes a mí, a Carla, a tus amigos... no vas a quedarte nunca sola, ¿entiendes? —afirmó levantando mi cara con sus dedos, para mirarme a los ojos—. No nos vamos a cansar de ti, ¿sabes por qué? Porque eres una chica de la ostia, típica niña buena pero a su vez con su lado rebelde, te gusta ir a tu rollo pero al mismo tiempo sabes escuchar a la gente y echarles una mano cuando lo necesitan —me pasó el pelo tras la oreja—. Te preocupas por el bienestar y felicidad del resto, muchas veces antes que del tuyo propio, y eso no todas las personas lo hacen. Personas con tan buen corazón como tú hay que cuidarlas y valorarlas. Esa virtud tuya es lo que te hace especial. Te puedo asegurar que cualquiera de nosotros, tus amigos, jamás te dejaríamos ir —posó con delicadeza su mano en el lateral de mi cuello—. No eres como el resto. Nadie te iguala, ¿sabes? Eres maravillosa. Me encantas, Laura —Álex acercó su cara aún más a mí, con su mirada enfocada en mis labios.

De un incontrolable impulso, le agarré fuerte del cuello de la camiseta y lo atraje aún más a mí, haciendo que nuestros labios se unieran en numerosos y carnosos besos. Yo cada vez me acercaba más a él, mi corazón latía más rápido y le besaba con más intensidad y excitación. Él cálidamente me apretaba de la cintura para atraerme más a él. Sin embargo, nos detuvimos en seco porque el tono de llamada de mi móvil nos interrumpió. El nombre de "Mi amo" aparecía en pantalla.

—¡¿Me estás jodiendo verdad?! —se quejó el pelirrojo al ver que me separaba de él para atender la llamada de mi vecino. Yo me digné a darle una mirada asesina (¿qué coño le pasaba?) y contestar el teléfono.

—Dime —respondí a la llamada.

—¿Dónde estás? —me preguntó Dani.

—En el parque con Álex, ¿qué pasa? —me interesé.

Dani quería que fuese a su casa a hacerle de cenar. No estaban sus padres, y el inútil no sabía cocinar. Era domingo, por lo que técnicamente entraba dentro de la semana y el acuerdo de ser esclavas seguía aún vigente. Y pagar los cincuenta euros no era una opción para mí.

—¿Y por qué no se lo pides a Carla? Ella es también tu esclava —le recordé.

—Tú me caes mejor, anda ven —me pidió "mi amo".

—Ya voy —resentida, le colgué y puse los ojos en blanco.

Me levanté y me sacudí las cositas que se me habían pegado del césped. Me quité la sudadera de Álex y se la devolví.

—¡¿Es una puta broma, no?! —el pelirrojo se enfadó—. ¡¿Me estás diciendo enserio que después de hacer todo esto por ti esta tarde ahora te vas a ir con un tío que lo único que está haciendo es reírse y aprovecharse de ti?! —me gritó—. ¡Además todo lo de ayer fue culpa suya, si hubiese sabido cuidar a la cabra bien, no le habría pasado nada al coche del maldito chino y ahora Tomacho no estaría muerto ni Hugo herido! —acusó gravemente sin sentido alguno.

—Eres un capullo —me irrité—. Adiós —le dije cansada de su numerito, dispuesta a irme.

Pero el chico me agarró agresivamente de los brazos, impidiendo que me fuera.

—Mira, lo siento, otro día nos vemos, suéltame —le ordené seria, intentando forzar uno de sus brazos para que me soltara.

—No, otro día no, —me negó— si te vas, lo que sea que haya entre nosotros se termina —me amenazó.

—Que me sueltes —le volví a decir muy seria. Me dejó ir y me fui de allí cabreada.

¿De qué iba? No me gustó nada la desagradable forma en la que me había hablado y forzado, ni sus celos, ni sus graves calumnias sobre Dani.

Me alejé rápido andando con los ojos húmedos y llegué alterada a casa de mi vecino. Me dio cordialmente la bienvenida y yo exploté contándole todo lo sucedido con Álex. Él me consoló y una vez que conseguí calmarme me invitó a entrar a su cocina. Avisé a mis padres de que me quedaría a cenar en casa de un amigo.

—¿Por qué tienes tan poca comida? —me extrañé al abrir y ver que el frigorífico se encontraba casi vacío. Al menos quedaban media docena de huevos.

—No sé, supongo que mi padre no tuvo tiempo de hacer la compra —me contestó sentándose en una silla del revés, apoyando su cabeza y brazos sobre el respaldar.

—¿Y tu madre? —le pregunté curiosa. La mejor idea que se me ocurrió con aquellos escasos recursos fue hacer una tortilla francesa.

—No vive con nosotros —me aclaró. Saqué del mueble un bol y rompí unos cuantos huevos para batirlos con un tenedor—. ¿De verdad? ¿Una tortilla? —se burló el chico de pelo oscuro. Ignoré su comentario para colocar la sartén, eché aceite y proseguí haciendo la cena.

Terminé de preparar la comida, la partí en dos para colocar cada mitad en un plato y así servirme a mí también.

—Eh, eh, eh —se rió—. Que la cena era solo para mí —bromeó sacando del cajón cubiertos para ambos.

—Te vas a comer una mierda —le vacilé. Me limpié y cogí los platos de los dos.

Capítulo 11

Subimos al último piso, que era también una azotea con terraza en la que había una pequeña piscina de plástico y unas cuantas hamacas del mismo material. Todo estaba oscuro, solo nos iluminaba la luz que provenía del interior de la casa, que traspasaba la puerta de cristal de la terraza. Esa noche el cielo era súper bonito, repleto de estrellas y constelaciones que brillaban de manera hermosa.

Nos sentamos en las hamacas y le di su plato de tortilla. Nos pusimos a cenar con los platos sobre nuestras piernas. Con su móvil empezó a reproducir música. Sorprendentemente, descubrí que le gustaban las mismas canciones que a mí. Eso me encantaba. Tenía un gusto musical de la ostia. De pronto empezó a reproducirse una canción que conocía muy bien.

— *"Tell me pretty lies*
Look me in the face
Tell me that you love me

Even if it's fake" —chillé pegando un salto nada más escuchar empezar la canción de Blackbear, mi favorita.

— ¡¿La conoces?! ¡Es la que más me gusta! —se sorprendió Dani ilusionado cuando me vio gritando *"idfc"* como la loca que soy. Yo asentí y él siguió cantando conmigo—.*"'Cause I have hella feelings for you*
I act like I don't fucking care
Like they ain't even there
'Cause I have hella feelings for you
I act like I don't fucking care
'Cause I'm so fucking scared"

Sabíamos que era tarde y que molestaríamos a los vecinos gritando, pero no nos importó en absoluto. La estábamos viviendo muchísimo. En algunos momentos nos mirábamos a los ojos y sonreíamos. Sus ojos verdes son preciosos, aún más con la noche y las estrellas produciendo pequeños destellos en ellos. Al acabar la canción, seguimos cantando algunas de las de la playlist de mi vecino.

—Bueno, ¿qué tal? ¿Cómo estaba la comida, amo? —dije entre risas cuando lo vi terminando el plato.

—Mmm... Está... —se detuvo a pensar cómo contestar para hacer la gracia— Pasable.

Me crucé de brazos y él soltó una pequeña sonrisa. Al reírse y separar sus labios se asomaban sus dientes, pudiéndose ver así su bonita sonrisa. Se levantó para recoger nuestros platos y dejarlos dentro. Trajo un par de mantas.

—Ten esto, anda —me tendió una de las mantas—. Y ponte el abrigo que hace frío —volvió a su hamaca y se tumbó pasando uno de sus brazos por detrás de su nuca para apoyarse y estar cómodo.

—Uy, ¿desde cuándo te preocupas por mí? —me extrañé.

—A ver, Laura... Te voy a ser sincero —se giró hacia mí—. Sé que está terminando la semana y el trato de que seáis esclavas y eso pero... No quiero que después de esto dejemos de vernos. Después de todo, creo que soy capaz de poder decir que os tengo como amigos. Por primera vez en mucho tiempo me lo estoy pasando muy bien, y es gracias a ti. Me estás ayudando mucho, me siento cómodo contigo, en poco tiempo hemos cogido mucha confianza y... para mí eres como mi mejor amiga —creo que vi sus ojos humedecerse—. No quiero que esto acabe.

—No, claro que no, no me seas tonto —fui a abrazarle. Esas palabras me conmovieron, quería llorar de felicidad.

Nos achuchamos fuerte y pude notar el dulce olor de su pelo desordenado. Dios, qué bien huele el chaval.

—Vale, ahora mira las estrellas y piensa en la muerte —terminó el abrazo, riendo.

Volví a tumbarme y taparme con la manta. Mirábamos hacia arriba, al cielo completamente estrellado. Era súper relajante, al punto de que hasta me podría haber dormido de lo agusto que estaba. Empezamos a hablar y hablar de infinidad de temas, como el origen del universo y qué creíamos que había después de la muerte. Dani podrá parecer un borde y hasta un estúpido en ocasiones, pero en realidad, es un chico muy profundo con unos sentimientos increíbles y una manera de pensar diferente al resto. No es un chico cualquiera. Seguimos conversando y salió el tema de su reciente ruptura.

—Pensaba que había encontrado a la correcta, pero ya veo que todas esas mierdas absurdas de "vivieron felices y comieron perdices" son solo tonterías que se ven en las películas. La gente es temporal —dijo fijando su intensa mirada en la oscuridad de la noche, sin expresión alguna.

—Tienes razón. Las personas vienen y van. Tú encontraste y conectaste con una persona que mientras duró te hizo muy feliz. Con ella viviste bonitos momentos. Pero ya solo son eso. Recuerdos —le contesté cuando creí ver justo una estrella fugaz.

Dani tenía razón con lo de que hacía frío, aunque me tapara seguía temblando y con el moquillo saliendo por mi nariz.

—Al principio era bonito sí... todas las relaciones al principio lo son —suspiró pasándose la mano por el pelo y poniéndose la capucha de la sudadera—. Esa chica de precioso pelo negro liso por los hombros, tremendos ojazos marrones y un cuerpazo que flipas... Ella me encantaba, me hacía sentir cosas que nunca nadie había conseguido provocar en mí. Me pillé de ella como nunca lo había hecho. Para mí lo era todo —confesó el chico.

Entonces en ese momento supuse que lo mejor sería dejarle explicarse y desahogarse, escucharle pero sin hablar.

—Ya te dije que muchos nos describían como la pareja perfecta. Lo que no sabían, es que tras esa supuesta perfección, de manera incesante la relación se volvía más tóxica con numerosos ataques de celos por su parte. Ella era muy sociable, tenía muchos amigos, algo que a mi nunca me incomodó. Confiaba en ella. Sin embargo, si yo tan solo hablaba con alguna chica, me la liaba y montaba una escena... Yo lo daba todo por hacerla feliz y ella conseguía hacerme sentir que yo era el peor. También se enfadaba cada vez que intentaba sacar un tiempo para estar con mis amigos, los pocos que tenía, porque quería que siempre estuviese con ella. ¿Qué hice? Fui un estúpido y dejé de lado a todos.

—¿Y por qué no la dejaste en ese momento? —le pregunté. Él la trataba como una prioridad y para ella él era solo una opción. La chica me parecía una completa hipócrita.

—A pesar de que sepas que te hace daño, cuesta mucho desprenderte de alguien a quien quieres, porque tienes la esperanza de que algún día vuelva a ser esa persona de la que te enamoraste —dijo con un suspiro—. Yo qué sé, estaba y sigo fatal. No sabía ni qué hacer. Era lo único que me quedaba después de alejar a todos, de renunciar a tantas cosas solo por estar con ella.

—Tenías miedo a que las cosas cambiaran. Miedo a perderle. Nos volvemos muy vulnerables cuando queremos mucho a alguien. Pero la vida es muy corta para ir con indirectas, no ser claros. Perder el tiempo para estar con gente que no nos quiere. Ir detrás de quién no nos hace caso. Intentar revivir una afinidad que claramente ya no existe —le entendía. Me recordaba a lo que Carla y yo pasamos con ese grupo de chicas que antes eran nuestras amigas.

Mi mejor amigo se frotó los ojos para centrarse en volver a contar la historia.

—Yo no veía venir nada de esto. Al inicio creía que ella era alguien que nunca me haría daño. Me equivocaba. Últimamente empezaba a ser más fría y distante conmigo, pero suponía que era por problemas familiares. Sus padres se estaban divorciando y esto le afectaba. Yo intentaba ayudarla pero nunca quería hablar del tema.

Mientras yo no quería aceptar ni darme cuenta de que en verdad me estaba tratando mal, peor de lo que para mí ya era lo normal. Pensaba "es solo una mala racha, se le pasará". Algo de unos pocos días. Pero no fue así. Fueron semanas. Hasta que... ya sabes... se lió con otro —le temblaba un poco la voz.

Intentó disimular y tratando de tomarlo con humor soltó algo parecido a una carcajada, pero claramente se veía cómo se esforzaba por no parecer triste.

—Llegué un lunes al instituto y todo el mundo cuchicheaba sobre eso, yo fui el último en enterarme. Todos lo sabían, todos menos yo. Me sentía ridículo. Estaba tan, tan mal que no fui en toda la semana a clase. Fui tan gilipollas... me quedé completamente solo. Y me lo merezco —explicó serio algo que me dolió mucho oír.

No intervine para que siguiera contando.

—Lucía jamás me dio ningún motivo ni habló conmigo sobre el tema. Desapareció de mi vida sin más. ¿Qué hice mal? ¿Se había cansado de mí? ¿No era suficiente? Aún tengo que soportar llegar al instituto, verla allí todos los días y fingir que no ha pasado nada... —murmuró con voz ronca—. Pero es que, a pesar de todo, no podría odiarla. Mentiría si dijera que no la echo de menos o que no sigo queriendo lo mejor para ella. Dicen que el amor es muy bonito pero nadie habla lo de después, de cuando te rompen el corazón, es horrible —se empezó a resbalar una lágrima por su rostro.

Entonces me vi con la necesidad de darle mi humilde opinión.

—No creo que la eches de menos después de lo mal que lo pasaste, del daño que te ha hecho. Solo añoras los buenos momentos que hubo en un principio y esa versión de ella que dejó de existir. Ese sentimiento de "es ella, es perfecta, nunca me traicionaría". Tenías la idea de que era lo mejor en tu vida y por eso te aferraste y permitiste que tu felicidad dependiera de ella. Pero no merecía la pena. Ahora debes aprender a vivir con su ausencia... —solté con palabras que me salieron del alma mientras miraba las estrellas.

—Puede que tengas razón, pero ojalá fuese tan fácil. La noche es aquel momento del día en el que me puedo quedar solo conmigo mismo. Mis pensamientos y yo. Cuando las heridas se abren y se vuelven aún más profundas. Pensando en que, después de tanto, le dio igual todo lo que hice por ella. Que le importé una mierda y me abandonó. Noche tras noche, suelo tumbarme en la cama y llorar desconsoladamente hasta dormir. ¿Sabes esa sensación de constante vacío en el pecho, sin poder respirar? Intento saciarla con música triste y tabaco, pero al fin y al cabo lo único que consigo es machacarme más. Aún duele como el primer día —terminó apretando uno de sus puños.

—Mira... no te puedo decir "deja de estar triste", porque las cosas no funcionan así. Entiendo que es difícil dejar de pensar en ella, pero tienes que aceptar que se ha ido, y que ya no volverá —me giré para acariciar su cara con mi pulgar, quitando su lágrima—. Lo que sí te puedo asegurar es que poco a poco las cosas van a mejorar. Aunque tu pienses que no. Confía en mí. Vas a seguir adelante, no necesitas a nadie para ser feliz. Es cuestión de tiempo —dije tratando de ayudarle.

Capítulo 12

Cuando se hizo más tarde y ya iba siendo hora de volver a mi hogar, le comenté que tenía que irme y el chico me acompañó casa abajo hasta la puerta.

Me dio las gracias y nos abrazamos para despedirnos. Al separar nuestras cabezas, nos detuvimos unos segundos mirándonos a los ojos a escasos centímetros en silencio. Antes yo ya pensaba que ese chico realmente era apuesto, pero el estar tan cerca suya me hizo poder apreciar con mayor detalle su atractivo rostro. Su suave respiración provocó una corriente de escalofríos por todo mi cuerpo. Creo que inconscientemente entreabrí mis labios. Fueron solo unos segundos pero pareció una eternidad, como si el tiempo se hubiera detenido.

— Adiós —dijimos rápido al unísono evitando la situación y nos fuimos cada uno a nuestra casa. Había sido extraño para ambos.

A partir de esa semana, empecé a despertarme con la alarma que Dani me pidió que me pusiera cuando aún era su esclava y así (algunos días) poder alcanzarlo e ir juntos al instituto. A pesar de que había terminado el trato, él y Mateo con frecuencia seguían acercándose a nosotros en el recreo. Hugo seguía dolido por la traumática pérdida de su mascota, pero aún así se esforzó para ir a clase y seguir con sus obligaciones, poco a poco lo fue superando.

Álex los primeros dos días ni me miraba, pero con el paso del tiempo parecía que se le había pasado un poco.

—Laura, perdón por lo que pasó —se disculpó un día con cara de pena—. Hasta después de navidades no voy a quedar porque estoy castigado —había suspendido una asignatura—, pero si después de ese tiempo quieres, yo estoy dispuesto a volver a intentarlo. Te prometo que no va a volver a pasar —expresó Álex, pero yo no le creía. Había perdido la confianza en él y no me iba a dejar manipular.

Yo le di a entender que no habría una segunda oportunidad y que no quería estar con una persona tan celosa. Creo que no se lo tomó mal del todo y quedamos como amigos.

Tras mucha ansia, llegaron las vacaciones de Navidad.

Un día de frío, vino Carla a mi casa para hablar y pasar el rato. Fuimos al brasero de mi salón y nos sentamos junto a mi hermana pequeña Raquel, poniéndonos cómodas y tapándonos con la faldilla.

—¿Qué tal el novio, Raquel? —le preguntó Carla para darle tema de conversación.

—No tengo, son una pérdida de tiempo —no dudó la pequeña en contestar—. ¿Y tú, Carla? ¿Por qué no tienes novio? —le vaciló mi hermana de catorce años.

— Le gusta Mateo —respondí yo por mi mejor amiga. Ella me pegó un codazo.

—¡¿Qué dices?! ¡Claro que no! —negó y yo le di una mirada de desaprobación—. O bueno... puede, no sé —se sinceró por lo bajini—. No quiero arriesgarme si aún no lo tengo claro —alegó Carla.

—Vale, Carla, ya sé lo que te pasa. Lo de otras veces. Que piensas que estás enamorada, pero en realidad solo estás aburrida y te gusta la atención de esa persona. Únicamente estás momentáneamente obsesionada —explicó mi hermana pensando que lo de ahora se comparaba a lo ocurrido en otras relaciones de la morena.

—No, Raquel, se le nota. En esta ocasión, es diferente, se ve a leguas que está realmente pillada —aclaré hablando sobre Carla.

—Pero tu hermana tiene razón, yo acabo jugando con los sentimientos de los demás —reconoció mi mejor amiga—. Pero Mateo... no es como el resto. Desde el primer día que hablamos sentí una conexión especial. No quiero destrozarle, lo que menos me gustaría en este mundo es hacerle daño —confesó.

—Cierto. Pero te recomiendo que no la cagues diciéndole un "creo que me gustas" si no lo tienes claro, porque a veces con creer no es suficiente. También te digo que seas clara y sincera con él para no marearlo —opiné.

—En ese caso... Piensa y consulta con la almohada si te gusta o no de verdad —le aconsejó la pequeña de pelo rubio y de iris marrones, una mini copia de mí (excluyendo el color de los ojos) pero más irritante.

—Oye, ¿huele mal, no? —me extrañé al percibir un olor a plástico quemado.

— A ver si estáis quemando algo por ahí abajo... —Raquel levantó la faldilla para revisar el brasero—. ¡Ostia! ¡Carla, qué tonta! ¡Se te está derritiendo el zapato! —gritó riendo.

Mi amiga apartó inmediatamente los pies de la fuente de calor y revisó la suela de uno de sus zapatos. Faltaba un poco de la suela por la parte de abajo, pero el calzado no sufrió ningún daño que se pudiera ver a simple vista. Nos reíamos viendo el cacho de plástico que faltaba pegado a la rejilla del brasero.

Más tarde, Manu nos invitó a su piso. Fuimos Pablo, Carla y yo, y también invitó a Dani y Mateo. Álex no fue porque estaba castigado y Hugo estaba ocupado preparándose para ir a Polonia, se iba la primera semana de enero. Nos presentamos en la plaza donde siempre quedamos y fuimos todos juntos hasta su bloque. Una vez allí, el chico de cara redonda y pelo marrón claro sacó un manojo de llaves de su riñonera y sonando el tintineo de estas chocando entre sí abrió la puerta del edificio. Manu indicó a todos que le siguiéramos... subimos las oscuras y estrechas escaleras hasta la primera planta donde estaba su casa. El piso estaba repleto de cosas por todos sitios y se veía bastante desordenado. Cuando llegamos a ese lugar, inmediatamente el pastor alemán del chico corrió hacia su dueño para darle la bienvenida con un lametón en la cara.

—¡Hola, Duque! —recibió a su perro poniendo voz de bebé. Carla se asustó del gran animal y se escondió tras Mateo.

Manu soltó las llaves en una mesita que había en la entrada y todos colgamos los chaquetones en un antiguo perchero de madera. Pablo lo acompañó a meter a Duque en una habitación al fondo, para que Carla no se asustara. De aquella estancia al final del pasillo, provenía una suave luz y se escuchaba fuerte música cani.

En ella se hallaba, con aire relajado, una bajita mujer de unos cincuenta años, con pelo algo canoso y despeinado, en pijama. Recostada en una butaca, la encontraron fumando despidiendo humo por la boca y, en la mesa más próxima, bastantes botellas de alcohol.

—Buenas, mamá —le saludó Manu normal con un beso en la frente. Ese parecía el escenario habitual de la casa.

—Hijo, ¿qué tal? —le recibió la misteriosa señora. Esta miró a Pablo de arriba abajo—. ¿Y este muchacho tan guapo? ¿Es tu novio? —bromeó.

—Ja, ja. Qué graciosa mamá —le contestó con ironía—. Es Pablo, mi mejor amigo, ha venido otras veces a casa, ¿no te acuerdas? —indicó poniendo su brazo alrededor de la espalda del alto chico de pelo moreno y rizado.

—Es cierto, perdón ¡qué cabeza tengo! —se disculpó la mujer dándole dos besos a Pablo.

—Vamos a estar en mi cuarto —informó Manu a su madre. Ella asintió y los dos chicos salieron de esa habitación cerrando la puerta.

A continuación, todos nos reunimos en el dormitorio de Manu.

<u>Capítulo 13</u>

El dormitorio de nuestro amigo tenía dos camas, cada una en paredes opuestas de la estancia repletas de pósters y en medio una alargada mesa con una cachimba.

Los chicos empezaron a prepararla llenando el cacharro de agua, la cazoleta con el sabor a galleta y colocando el papel albal y los carbones. A mi y a Carla no nos hacía mucha gracia lo de fumar, por lo que nos limitamos a ocuparnos del gran altavoz que había y las canciones para animar el ambiente de fiesta.

Cuando ya estuvo lista, procedieron a aspirar el humo de esta a través de los tubos con boquilla, inundando sus pulmones de aquella relajante sustancia. El cuarto entero se llenó de ese olor a galleta. Realzábamos los graves y el volumen manipulando los ecualizadores del equipo de sonido jugando así con la música, quedaba súper épico, había momentos en los que incluso nuestros pechos rebotaban o las paredes retumbaban por las fuertes ondas sonoras. Estaba siendo una experiencia fantástica, todos lo estábamos pasando en grande cantando a todo pulmón las canciones y bailando algunas de estas... También haciendo el tonto, pero eso ya era lo habitual en nosotros.

Tras un rato, vino a ver cómo estábamos la madre de Manu. Y, de alguna manera, Pablo la convenció para unirse a la fiesta. Teníamos en la habitación a una señora cincuentona fumando cachimba también y bailando con nosotros. Era una adulta pero tenía un salvaje alma joven fan de la fiesta y la diversión. La mujer estaba haciendo por dónde para conocernos e intentó dialogar con nosotros, descubrimos que tiene alguna especie de don para hablar y por algún motivo comenzó a predecirnos el futuro y leernos el alma. Esa señora sabe cosas. Aunque dé un poco de miedo, es muy maja y mola mucho.

—Tú, mírame —agarró a Dani de la cara, con sus manos repletas de anillos—. Hmm... tú has pasado por reciente sufrimiento, —adivinó atravesando la mirada del chico— pero se ve que ahora te encuentras mejor. Pero lamento decirte que tus problemas aún no han cesado —cerró los ojos frunciendo el ceño— y no pasará mucho tiempo para que se avecine una nueva dificultad que te hará tener que tomar una decisión importante —le advirtió.

Dani se quedó con la cara blanca, ¿cómo sabía eso?

—¿Quién es el siguiente? —varios levantaron la mano y escogió a Carla—. Ven aquí querida.

La acercó a ella y le besó la frente. Tomó su mano y concentrada se puso a observar meticulosamente la palma. La miró y le dio una sonrisa. Giró su cabeza para darle un vistazo rápido a Mateo y volvió su mirada hacia mi amiga.

—Es el indicado, arriésgate —le dijo brevemente la misteriosa mujer, sin ningún tipo de aclaración.

Todos querían escuchar qué les decía la madre de Manu.

Por ejemplo a mí, examinando mis facciones, me dijo que era una persona noble y de corazón puro, me aconsejó que nunca dejara que nadie se aprovechara de mi bondad, ni que me dejase manipular.

Entonces, tras otro rato de fiesta, salimos a la calle. No sé muy bien por qué, si estaba lloviendo, pero les hacía ilusión darse un paseo. Son tontos, estábamos muy a gusto en el piso de Manu y se les ocurrió la maravillosa idea de darse una vuelta cuando peor tiempo hacía.

Nuestros pasos chapoteaban sobre la capa líquida en la carretera bajo aquel cielo teñido de gris. Mi pelo se volvió a hacer un asco por la humedad y para cubrirlo me puse el gorro del abrigo, y para mi peor suerte, mis zapatillas rebosaban agua. Todo estaba empapado por la lluvia, así que nos refugiamos en la parada de autobús más cercana. Sentados allí, se podía ver gracias a una farola cómo cada vez aumentaba más y más el chubasco, el cual intensificaba aquel satisfactorio sonido de las gotas impactando en el asfalto. De vez en cuando, pasaban coches que con sus faros iluminaban el agua de la carretera, salpicándonos por el movimiento de sus ruedas.

Dani se recostó sobre una de las paredes laterales de la parada jugueteando con la llama de su mechero y finalmente se encendió un cigarro. Se relamió un poco los labios y se lo colocó en la boca para fumarlo. La oscuridad y la pobre iluminación hacía ver claramente la nube de humo y aire caliente que expulsaba, que relajaba al chico.

Pablo y Manu se entretenían tambaleando el banco hacia delante y hacia atrás, haciéndonos sufrir por el irritable y estruendoso ruido que estaban produciendo. Hasta que, finalmente, de lo brutos que eran lo terminaron rompiendo.

—Nene, nene, ¡que lo he arrancado! —se asombró el payaso de Pablo, había sacado la parte de arriba que servía de asiento—. ¡Que podemos llevarnos un banco! —se descojonaba.

—Pablo, es nuestro banco portátil —se reía Manu y nadie pudo evitar soltar una carcajada.

Lo volvieron a colocar como estaba, a simple vista no se notaba que el asiento ya no estaba fijo, pero de todas formas se podía sacar con bastante facilidad y se seguía moviendo cuando te sentabas solo con inclinarte un poco.

Yo me volví a sentar para escuchar música con los auriculares y mi mejor amiga apoyó su cabeza sobre el hombro de Mateo para observar el fenómeno meteorológico.

Carla reflexionaba sobre aquellas palabras de la misteriosa mujer que, por sus habilidades, pensábamos que podría ser bruja: "Arriésgate". La chica se levantó de un impulso del banco de la parada e invitó a Mateo para que hiciera lo mismo que ella. Se alejaron un poco y desde la parada se podía ver a unos cuantos metros el encantador escenario de mi mejor amiga y el chico que le gustaba, bajo la fuerte lluvia.

—Tengo que hablar contigo... —murmuró Carla al principio, no sabía muy bien cómo empezar. Tenía el pelo mojado, el agua hacía que su cabello pareciera algo más oscuro de lo que ya era, resaltando aún más sus ojos claros que en ese momento mostraban cierta timidez.

—Dime, ¿qué pasa? —se intrigó Mateo. El alto chico también se estaba empapando, las brillantes gotas quedaban suspendidas en su húmedo pelo que se estiraba hacia los lados de su cara, haciéndolo lucir muy atractivo. Esperaba con ansias la respuesta de mi amiga.

Carla debió pensar algo así como "El que tenga miedo a morir que no nazca" y le echó valor. Así que inspiró y decidida lentamente se acercó a Mateo observándolo con esa peculiar intensa mirada seductora que tiene ella.

—Me gustas mucho, Mateo —Carla ya decidida se puso de puntillas y agarró fuerte con las dos manos la cara del castaño atrayéndolo más hacia ella para besarlo intensamente.

Mi amiga se detuvo, bajando sus manos deslizándolas despacio por el cuello y brazos del chico que le gustaba. Volvió lentamente a su posición natural, apartando su mirada hacia un lado, con miedo a que Mateo le rechazara. Él en shock y los ojos como platos, se quedó paralizado unos segundos asimilando lo que acababa de pasar. Carla temía que lo hubiera arruinado todo. Tendría que haber quedado un silencio, pero en su lugar se seguía escuchando el sonido del ambiente húmedo, que lo único que hacía era aumentar los nervios de la chica.

—A mí también me gustas mucho, Carla —finalmente el chico la tomó algo agresivo del cuello y le devolvió el beso. La sensual escena era increíble, Carla y Mateo completamente mojados besándose apasionadamente bajo la lluvia, con el agua resbalando por todo su cuerpo. Esa pareja era fuego.

Capítulo 14

Al día siguiente por la mañana, fuimos a hacer de espectadores y animar a nuestro amigo Pablo, que jugaba un partido de baloncesto. Pablo es muy buen jugador, lidera el equipo. Este era un partido importante en el que se jugaba la clasificatoria, por eso necesitaba nuestro apoyo para ganar. Además el equipo contrario iba bastante bien entrenado.

Asistimos todos los que salimos el día anterior, además de unas cuantas conquistas del chico, ya que tenía loquitas a muchas chicas. Algunas de ellas nos envidiaban a mí y a Carla por ser sus amigas. Estábamos en las gradas visualizando el partido. Yo estaba entre Manu y Dani. Y algo más apartados estaban los nuevos novios, Carla con su pierna sobre la de Mateo, muy cariñosos.

Manu, Dani y yo criticábamos a los jugadores y dábamos nuestra opinión sobre sus jugadas. Incluso apostábamos sobre cómo quedaría el marcador. Mientras, la parejita, se comía la boca, no les importaba que hubiera gente al lado.

Entonces, como sorpresa, vimos a Hugo aparecer por la puerta del pabellón para sentarse a nuestro lado. Había conseguido sacar un hueco para venir a estar con nosotros, a pesar de que tenía mucho que hacer preparándose para su viaje.

Pablo iba corriendo desde el otro lado de la cancha botando a toda velocidad. Gracias a su rapidez, esquivaba a todos los jugadores del equipo rival. Hizo una entrada a canasta y tras el salto consiguió encestar el balón. Mientras descendía nos señaló con los brazos y guiñó un ojo, dedicándonos así la canasta. Esa fue solo la primera de muchas.

Los minutos pasaban y todos se irritaban porque el marcador lo único que hacía era mostrar un continuo empate. En el último minuto Pablo hizo un increíble mate que les proporcionó la victoria. Todos los que apoyábamos al equipo local nos levantamos de un impulso de las gradas, emocionados aplaudiendo. Chillábamos y saltábamos abrazándonos entre todos con algo de agresividad. Dani eufórico me cogió en brazos y me subió sobre sus hombros para elevar mi altura y así vitorear. A mi me dio un ataque de risa, pero también temía por mi vida, no quería caerme. Carla y Mateo se dieron otro morreo para celebrarlo. Manu gritaba "¡Pablo, guapo!". Las chicas daban saltitos. Pablo nos miraba desde la cancha con una gran sonrisa y también lo celebraba con su equipo.

Nuestro campeón y su equipo, al terminar el partido, fueron al vestuario a lavarse y cambiarse. Mientras lo esperábamos, todos hablábamos de lo emocionante que había sido el partido.

—Oye, Laura... Quiero decirte algo —me susurró mi vecino apartándome un poco de la multitud.

—Dime, ¿qué pasa? —miré a esos profundos ojos verdes intrigada.

—La cosa es que... Creo que por fin después de mucho, mucho tiempo, me he dado cuenta de que he logrado lo que tanto había deseado. Por fin soy feliz —me confesó Dani—. Ya sé las personas que de verdad son mis amigos. Y tu eres la que más me ha ayudado, a tu lado todo es otro mundo y parece que todos mis problemas desaparecieran. Gracias por todo. Me importas mucho, loca tira piedras —me regaló una tierna sonrisa.

Nos dimos un achuchón. Me alegraba un montón por él. La noche que le conocí, me prometí ayudarlo... y el hecho de que me dijera que por fin era feliz y que yo estuviera dentro de su vida me enamoraba. No pude evitar soltar unas lágrimas de felicidad, pensando en que yo había formado parte de eso, alcanzar su felicidad.

Pablo vino después de ducharse, se sentó a nuestro lado para ver el partido que había a continuación, que eran los Seniors (los adultos). El chico llevaba la chaqueta del equipo y su pelo negro aún estaba mojado. Se acercaron como locas sus pretendientas para darle la enhorabuena y no tardaron mucho en irse. Nos echaron una mirada de asco al ver que mi mejor amiga y yo aún nos quedábamos. Joderos, envidiosas.

No prestábamos tanta atención a este partido como al de nuestro amigo, por lo que también empezamos a hablar de nuestras cosas.

—Hola, tío, ¿cómo estás? —saludó Pablo al rubio de gafas. A pesar de que ellos dos no tenían una relación de amistad muy estrecha (Hugo era calladito y Pablo más bien pasota), se tenían mucho cariño.

—Bueno... algo agobiado —contestó Hugo con una risa algo triste—. Por cierto, bien jugado —le felicitó chocándole la mano. Una vez me dijeron que los que siempre están riendo son los que más sufren. Y creo que es verdad, Hugo es así, no estaba pasando por un buen momento.

—Gracias —dijo nuestro cansado amigo de pelo negro y rizado tomando algo de agua de su botella—. Ya veo que tus heridas están cicatrizando —se fijó en la raja en la cara de Hugo y otras cuantas rozaduras—. Siento lo de Tomacho. La verdad que no quiero pensar cómo me sentiría yo si hubiera sido mi gato. A las mascotas se le toma cariño, llegan a ser uno más en la familia —empatizó con él.

Mi móvil vibraba. Me estaban llamando. Cogí el teléfono, era mi hermana. Tenía el móvil pegado a la oreja y con la otra mano me tapaba la otra para oír mejor.

—¿Oye, estás con Dani? —me preguntó ella algo nerviosa.

— Sí, pesada, ¿qué quieres Raquel...? —le respondí con desánimo poniendo los ojos en blanco.

Pensaba que esa llamada tenía como fin que me contara cualquier cosa de poca importancia o simplemente por churreteo, pero no me imaginaba nada de lo que mi hermana estaba a punto de contarme.

Raquel había salido esa mañana para tirar la basura, cómo cualquier otro día normal. Los contenedores se encuentran al final de la calle, lo que significa que hay un pequeño trayecto que implica pasar por delante de la casa de Dani y las de otros vecinos. La chica pasaba por la casa de al lado cuando vio al padre de Dani salir de esta para ir al trabajo y ella educadamente lo saludó dándole los buenos días. Mi hermana seguía su camino con las bolsas de basura, pero un fuerte sonido de un golpe que venía desde atrás la sorprendió. Se dio la vuelta para investigar qué había producido ese ruido cuando se aterró al ver al padre de Dani desplomado en el suelo inconsciente. Ella traumada corrió otra vez hacia casa y empezó a aporrear la puerta con gran insistencia.

—Mamá... algo le pasa al vecino... ¡llama a urgencias! —mi hermana gritaba horrorizada entre lágrimas.

Me explicó que ahora el padre de Dani se encontraba en el hospital por un ataque cardíaco y que debía avisar al chico para que fuera allí lo antes posible.

Colgué. Estaba con la cara blanca, lentamente giré mi cabeza hacia Dani. Parecía tan feliz, él estaba riéndose con Manu de un vídeo que estaban viendo... El castaño oscuro tenía una sonrisa preciosa y sus bonitos ojos verdes se achinaban cuándo se reía. Era precioso. ¿Cómo se suponía que debía darle ahora esa horrible noticia? ¿Cómo iba a arruinarle esa felicidad que tanto le había costado conseguir?

—Dani... —le llamé con un hilito de voz. Le conté rápido lo sucedido.

El chico se quedó perplejo, con la cara súper seria, sin poder articular ningún tipo de palabra, solo apretaba sus puños con fuerza hincándose las uñas.

—Adiós, chicos, tengo que irme rápido, mi padre está en el hospital —informó con prisa mi vecino al resto.

—Ostia, tío, eso está súper lejos. Coge mi bici, está atada fuera del pabellón —le ofreció Pablo sacando de su mochila la llave de la cadena. Dani le hizo caso y se fue pedaleando velozmente.

Transcurrían las horas y mi familia y yo en casa estábamos muy preocupados e impacientes por escuchar alguna novedad de Dani o su padre. Acababa de hacerse de noche cuando sonó el timbre de la puerta de mi casa. La abrí.

Era Dani con muy mala cara. Antes de que pudiera decir ni una sola palabra, se precipitó al suelo de rodillas. Se apoyaba sobre sus brazos, mirando al suelo.

— Mi padre... ya no está —subió la cabeza mostrándome sus ojos llenos de lágrimas.

Capítulo 15

La madre de Manu lo predijo, pronto vendría una nueva dificultad para Dani, ¿tendría de verdad algún tipo de poder oculto esa mujer?

Amaneció un nuevo día. Era veinticuatro de diciembre. El frío de camino al tanatorio era helador, pero a pesar de que nunca tuvimos confianza con el hombre fallecido, mi familia y yo queríamos acompañar a Dani. El chico además de ser mi vecino, también se había convertido en uno de mis mejores amigos. Por no hablar de que mi madre fue quien avisó a la ambulancia.

El día anterior, dada la gran velocidad de respuesta de mi hermana, la ambulancia había llegado rápido para hacerle una reanimación. El hombre llegó al hospital consciente. Dani había pedaleado con todas sus fuerzas circulando por la carretera, pegando algún que otro resbalón debido a que aún estaba mojada por el chaparrón del día de antes y consiguió llegar a ver a su padre.

—Papá, ya lo sabes, te quiero mucho, ya estoy aquí para lo que necesites —le decía el chico tranquilizando a su padre tumbado en la camilla, agarrándole fuerte la mano. Para él era un alivio que su padre estuviera bien y que hubieran conseguido reanimarlo.

Pero aquella calma y paz no duró demasiado. Desgraciadamente, una hora después, el infarto se volvió a repetir y esta vez con más fuerza. Dani fue rápidamente en busca de algún sanitario que le pudiera ayudar, pero cuando estos llegaron ya era demasiado tarde y no pudieron hacer nada por él. Cuando los médicos certificaron su muerte, le dejaron ver el cuerpo sin vida del hombre que tanto le había cuidado y hecho miles de cosas por él, no pudo evitar derramar un sinfín de lágrimas... Es terrible como en esta vida no tienes nada asegurado, de un momento a otro puedes perderlo todo. Con ese horrible vacío en el pecho que se volvía ahora mucho mayor, recordaba todos esos buenos momentos que había pasado junto aquel buen hombre y se culpaba también por algunas que otras riñas que habían tenido últimamente por el pesimismo del chico y el consumo del tabaco.

—Siento no haber sido el hijo que esperabas, papá —decía desconsoladamente entre sollozos abrazándose por última vez a su padre, con la vista inundada de lágrimas y la respiración dificultada.

El tanatorio a primera hora de la mañana estaba prácticamente vacío. En aquel establecimiento funerario muy pocos vecinos acompañábamos a Dani velando al difunto. El ojiverde se encontraba con unas tremendas ojeras y los ojos enrojecidos junto al ataúd. Mi familia se acercó al chico para darle el pésame.

—Oye... ¿y tus familiares? —le pregunté extrañada al no ver a nadie de su familia.

—La única familia que me queda es mi madre. Es una mujer que tiene adicción y problemas con las drogas, obviamente no puede hacerse cargo de mí. Llevo sin verla años, ni siquiera sé de su paradero, y no creo que le importemos ni yo ni mi padre, nos abandonó hace mucho —se sinceró conmigo mientras se tocaba la frente para tratar de aliviar algo el persistente dolor de cabeza.

—¿Y... ahora... qué harás? ¿Cómo vas a vivir solo si aún no sabes cocinar por ti mismo? —me preocupé.

—Es cierto que heredaré la casa, así que intentaré disfrutar del poco tiempo que me queda allí, antes de que vengan los de asuntos sociales a llevarme a un centro de acogida porque, por pocos meses, aún soy menor. Y está claro que tengo muy pocas posibilidades de que me adopten, porque en esos sitios solo adoptan a los más pequeños. ¿Quién va a querer hacerse cargo de un adolescente? Nadie —resopló destrozado.

—Al menos vente esta noche a casa a cenar, es Nochebuena, no estés solo. Y más en un momento tan difícil para ti —propuso mi carismática madre, que había estado con la oreja pegada en nuestra conversación.

—Anda sí, ven porfa —insistió mi hermana.

—Muchas gracias, me lo pensaré... —le agradeció su simpatía el chico.

Mi padre, mi madre y mi hermana se marcharon a casa, yo me quedé apoyando a Dani. Más tarde fueron llegando poco a poco algunos de nuestros amigos. Se compadecían de él y lamentaban también la pérdida, no soportaban ver en ese estado de tristeza al chico.

Ya en mi casa, ayudé a mi madre a preparar algo especial para esa noche, la cena consistiría en unos canapés y algo de marisco, seguido de un rico cochinillo asado que mi padre hacía para estas fechas. Me vestí con un pichi de cuadros en tonos grises oscuros, una blusa blanca de cuello alto y botas blancas. Mi familia y yo estábamos reunidos en el salón, sentados en la mesa a la vez que veíamos la tele que emitía programas especiales de Navidad.

Creíamos que Dani no vendría pero finalmente apareció tocando la puerta.

—Emmm... Hola —me sorprendí al abrir. No sabía que decir, no me esperaba que fuese a venir en serio, pensaba que estaría demasiado triste como para aceptar la invitación. Aunque mi madre sí que lo había dicho de verdad, a veces es muy pesada pero tenía buena intención.

—Hola —respondió un poco seco. Se pasó el dorso de la mano por la nariz ya que moqueaba, seguramente de haber estado llorando.

—Te queda muy bien la ropa —le halagué. Mi vecino se había arreglado un poco con unos vaqueros y una camisa negra que le favorecía mucho, pero a la vez iba un poco despelujado y con los ojos aún enrojecidos.

—Gracias. Es la que me he puesto para el entierro —declaró. Acababa de venir tras terminar la fúnebre ceremonia.

Tendría que tener cuidado con mis palabras, no fuera a ser que volviera a cagarla diciendo algo estúpido que le hiriera.

Mi madre corrió con los brazos abiertos hacia el chico para darle la bienvenida con dos besos invitándole a que se sentase en la mesa con el resto para cenar, en el asiento a mi lado.

—Entonces... ¿Tú eres el que me dijo subnormal? —preguntó mi madre. Dani tragó saliva, pensó que le iba a resultar difícil ganarse la confianza de la mujer.

—¡Mamá! —le reproché pegándole una pequeña patada debajo de la mesa.

—Dani, no te preocupes —dijo mi madre entre carcajadas—. La verdad es que me partí de risa cuando colgué el telefonillo... aunque tenía que aparentar que estaba un poco enfadada —confesó. Mi vecino dejó ver una pequeña sonrisa.

A pesar de su tristeza, esbozaba también alguna que otra una sonrisa cuando Raquel cogía una pandereta para hacer el tonto intentando animar al chico... aunque mi madre le reprochó en varias ocasiones que no era lo más indicado en aquel difícil momento para él. Mi padre intentaba sacarle conversación criticando juntos lo que iba saliendo en la tele y resultaron congeniar bastante bien. Dani celebraba la rica comida y felicitaba a mis padres por la excelente cena. El pobre no había comido en todo el día.

—Gracias por la compañía... es la primera Nochebuena que me siento en un ambiente familiar —expresó algo emocionado.

—Chico, quédate en casa los días que necesites hasta que vengan los de asuntos sociales. No es bueno que te quedes solo con tu pena. Puedes instalarte en la habitación de invitados —ofreció mi madre dándole un beso en la frente y acariciando su pelo castaño oscuro.

En ese momento yo me atraganté con una de las patatas fritas que había como aperitivo. A ver, me hacía ilusión que mi mejor amigo se quedara pero no esperaba para nada que mi madre propusiera tal cosa y en aquel entonces me parecía que podría ser algo incómodo para mí. Golpeaba mi pecho y bebía agua intentando parar la tos.

—Siiiiiii, me has caído muy bien, chaval —dijo ilusionada mi hermana. Mi padre asentía dándole la razón, ya dije que es un hombre de pocas palabras que se adapta a todo.

—Pues... Tenéis razón. Gracias por todo, de verdad —sonreía tiernamente Dani. Me sorprendí aún más al ver que este aceptaba. Soltó una pequeña risa al ver que me ahogaba y me ayudó dándome palmadas en la espalda.

Tras agradecer el ofrecimiento fue un momento a su casa que estaba al lado, a por lo necesario para dormir esa noche. Cuando volvió Dani todos se despidieron felicitando la Navidad y subieron a descansar. Sin embargo, decidí quedarme con él un rato abajo, aún no teníamos sueño. Estábamos recostados un tanto acurrucados en el sofá viendo la tele y charlando. Él estaba medio tumbado en uno de los brazos del sofá y finalmente se quedó dormido porque estaba muy cansado tras no haber podido pegar ojo la noche anterior.

Esto me recordó con nostalgia lo que él hizo cuando me quedé dormida en su sofá la noche en la que tiré piedras a su ventana: mi vecino había cogido una manta para taparme. Así que imitando su acción cogí una manta calentita del cajón y le tapé con cuidado. Lo suyo es que el chico se hubiera acostado en la cama que había para él en la habitación de invitados, pero no quería despertarlo. Era muy mono durmiendo. Tal vez que se quedara en casa unos cuántos días no sería tan mala idea.

—Buenas noches, mi amo —susurré con una sonrisa y subí acostarme.

<u>Capítulo 16</u>

—¿Se puede? —pregunté para entrar al baño—. Solo es para peinarme —informé a Dani que estaba dentro de aquella estancia. El chico había entrado a ducharse y ya hacía un rato que no se escuchaba el agua caer.

Ya habían pasado unos días desde que mi familia le ofreció quedarse, me empezaba a acostumbrar a la presencia de mi amigo en la casa, la convivencia no estaba siendo tan difícil cómo pensaba.

—Sí —vociferó él. Abrí la puerta y me lo encontré con su torso desnudo, únicamente vestía con unos pantalones de pijama. Me reí al ver que untaba por su mandíbula espuma de afeitar. El baño estaba calentito al punto de que hasta el espejo estaba empañado por el vapor.

En mi casa había solo dos baños, uno el de mis padres y el otro el cual nos tocaba compartir a mi hermana, a Dani y a mí. Este era algo estrecho, pero también alargado. Al fondo estaba la ducha, antes de llegar a esta estaba el váter y también el mueble del lavabo junto con el espejo.

—¿Qué hacías que tardabas tanto? —hice una pregunta de la que ya sabía la respuesta. Sabía que el ojiverde que se quedaba en mi casa utilizaba el baño como un lugar para desahogarse y llorar, más que nada porque ya varios días escuché la música triste que ponía para ducharse a volumen bastante alto.

—Emm... drogas —bromeó. Tenía los ojos hinchados. A Dani no le gusta demostrar sus sentimientos. Yo me reí de su gracia poniendo los ojos en blanco y me agaché para sacar el cepillo del cajón del mueble. Él pasó su brazo por el espejo para poder ver su reflejo y así poder verse mientras se afeitaba.

—Oye, ahora que lo dices —dije poniéndome en pie—. No te he visto fumar últimamente, ¿lo has dejado? —recordé y me empecé a desenredar mi pelo rubio.

—Eso estoy intentando —manifestó girando su mentón y acercándose al espejo para pasarse la cuchilla por el lateral tratando de no cortarse.

—Pues qué bien ¿no? —me alegré, a la vez me hacía la raya del pelo.

—Mm... ya —pronunció sacudiendo la cuchilla en el lavabo—. Lo hago por mi padre —dijo en un murmullo.

—¿Cómo? —me extrañé cuando terminé con mi pelo y me eché algo de perfume.

—Cuando lo dejé con Lucía hubo un tiempo que discutía con mi padre, ya que él quería ayudarme porque me veía mal y también me regañaba por fumar. Yo siempre le decía que me dejase en paz, finalmente él se rindió y dejó de decírmelo. Y me arrepiento, quiero cambiar por él —declaró con tristeza.

— Ya veo... —suspiré mirándole con una sonrisa triste. Le cambié de tema señalando la cuchilla que sostenía el chico—. ¿Me dejas intentarlo?

Él asintió y me la dejó. Yo agarraba su barbilla e iba afeitando con cuidado. Él, desde sus alturas, agachaba su mirada observando mi cara de concentración.

—¿Sabes? Me dijiste que el tiempo todo lo cura y yo llevo esperando tanto que parece que este lo único que hace es empeorar mis problemas. Por primera vez en mucho tiempo, gracias a ti y a los chicos, tuve la falsa esperanza de que volvía a ser feliz, pero lo cierto es que todo va de mal en peor desde que perdí a Lucía —soltó el ojiverde. Yo sabía que realmente no sentía todo lo que decía y no pensaba esas cosas en serio, solo estaba dolido y afectado por la reciente muerte de su padre.

—Pero vamos a ver —me dio rabia lo que mi vecino acababa de decir—. Escúchame, es ella la que te perdió a ti. Ella perdió la oportunidad de tener a un chico estupendo que la quería de verdad y que le trataría genial siempre. ¿Crees que merecías que esa jugara así contigo, después de todo lo que hiciste por ella? No —respondí por él—. Eres como yo. Dejas que te hagan daño una y otra vez, pero aún así te haces el tonto y perdonas.

—Me llevan haciendo mierda toda mi vida y mi mayor error es pensar que los demás van a ser como yo o actuar de la misma manera en que yo lo haría —dijo Dani algo dolido—. Pero nunca puedo esperar nada de nadie.

Yo ya había terminado de afeitarle y él acercó su rostro al lavabo para quitar el exceso de la espuma. Cogió una toalla para secarse.

—Pero Dani... vales mucho y si algo me ha enseñado el tiempo es que personas tan buenas como tú necesitan eso, que las valoren —enuncié apartando un mechón de pelo de su rostro—. Yo te prometo que por ti voy a hacer lo que sea, me cambias a otro mundo cuando estoy cerca tuya, me lo paso genial contigo y en muy poco tiempo hemos cogido una confianza increíble... Dani, quiero que seas súper feliz —le confesé.

—Porfa, Laura, no te vayas nunca... me estás ayudando mucho. Me haces sentir bien y no quiero que te vayas... el día que me faltes me va a dar algo —dijo apartando su mirada hacia un lado.

—No lo dudes, me quedaré contigo, Dani —agarré su mandíbula para volver a girar su cara (que ahora estaba muy suave por cierto) y así establecer contacto visual.

Los profundos ojos verdes del chico volvieron a cristalizarse y rápidamente me acercó a él para darme un cálido abrazo. Él escondía su cabeza en mi hombro y se apretaba con fuerza. Me mojó la camiseta porque su pecho seguía húmedo.

—¡Chicos! ¡A comer! —nos llamó mi madre. Dani todos estos días agradecía mucho la deliciosa comida de mis padres. Comentaba que su padre solo hacía comida precocinada porque era un hombre muy ocupado por el trabajo, muchos días incluso no podía ir a mediodía y el chico se apañaba calentando algo en el microondas.

Dani se separó de mí con una pequeña sonrisa pícara. Se le veía con ganas de comer. Sacudió su cabeza como un perro y me salpicó el agua que quedaba en su pelo castaño oscuro aún mojado.

—Eres tonto —me quejé riendo. Él, con ansias, me tomó del brazo para que fuésemos juntos abajo.

Capítulo 17

Era veintiocho de diciembre temprano. Dani se encontraba tumbado en la cama de la habitación de invitados escuchando música con sus auriculares, cuando una llamada que desde hace un tiempo ya esperaba le interrumpió. Eran los de asuntos sociales, le dijeron que al día siguiente irían a buscarlo para llevarlo al centro de acogida. Este centro era el único en la provincia, lo enviarían al orfanato en la capital de la región y cambiaría de instituto.

Estaba tan cómodo en ese hogar que se le había olvidado por completo que su estancia allí tenía fecha de caducidad. Un escalofrío recorría su cuerpo pensando en que, aunque fuese solo hasta su mayoría de edad en febrero; después de estar tan cerca de mí, de una familia increíble y unos amigos que le apoyaban; tendría que alejarse para ir a una ciudad nueva y ni hablar del lío que era cambiar de instituto a esas alturas del curso escolar.

Apenado recogió sus pertenencias y las volvió a meter en la mochila.

—Buenos días —fui a saludarlo a su cuarto cuando me desperté, asomándome por la puerta aún en pijama—. ¿Cómo has dormido?

—Hola, loca, mejor que otros días —fingió una sonrisa. Dani aún no quería darme la mala noticia.

El chico aprovechó cuando toda la familia estábamos reunidos a la hora de comer para contarlo. El castaño oscuro intentaba contener la pena aunque sus ojos reflejaban mucha tristeza y tenía la voz rota. Agradeció todos estos días en esa casa con nosotros e informó que en cuanto terminaran de comer iría a su casa a recoger el resto de las cosas.

Yo me quedé en shock, realmente no quería que se fuese. No podía soportar la idea de tener lejos a alguien tan importante para mí. Me pilló por sorpresa que de repente un día estuviera y al otro no. El miedo y la inseguridad se apoderaron de mí. ¿Dani lo pasaría mal allí? ¿Y si durante el tiempo que se iría fuera yo le dejase de importar? ¿Y si se olvidaba de mí? ¿Y si ya no volvía? No quería dejarle ir.

Quería echarme a llorar en ese instante pero me reprimí y para distraerme me levanté bruscamente de la mesa y me ofrecí a acompañarlo para ayudarle a recoger todas sus cosas.

Su habitación estaba tan desordenada como la recordaba aquel día que la vi a través de la ventana de mi cuarto. Él, desganado, soltó su mochila en la cama y se agachó para coger debajo de esta dos grandes maletas. Yo estaba apoyada en la pared contraria a la de la cama, la de la ventana. Miraba la ventana a la que tiré piedras aquel día, que ahora recordaba con anhelo, y también el pequeño patio que había abajo, que separaba su casa y la mía. Dani abrió el armario y le ayudé a sacar los montones de ropa. Mientras él recogía unos cuantos objetos personales.

Ese día organizamos en Cherry (el pub del padre de Mateo) una quedada como cualquier otro día normal pero esta vez sería para despedir a Dani. Conseguimos que todos nuestros amigos acudieran para despedirse. Queríamos que disfrutara esos últimos momentos con nosotros, intentamos no estar tristes. Mateo nos había invitado a la merienda.

—Te esperaremos aquí cuando vuelvas, Dani —le dijo Hugo con una palmadita en la espalda.

—Joder... Ya no vais a vivir juntos... Será una pena no tenerte por aquí, bro —se refirió Manu a nosotros y le chocó el puño a Dani.

—¡¿CÓMO?! —gritó anonadado Álex. No se había enterado aún de que mi vecino se quedaba en mi casa.

—Emm... Sí... vivimos juntos —le respondió Dani, entonces con una mirada pícara se le ocurrió una idea—. Además... nenes, tengo una noticia —pronunció llamando la atención de todos—. Laura y yo estamos saliendo, aunque... bueno... ahora probaremos a distancia estos meses —mintió y disimuladamente bajo la mesa me dio un pellizco en la pierna.

Todos se sorprendieron dejando de lado su comida y las bebidas. Al principio yo también me quedé impactada pero rápidamente pillé que se trataba de una broma por el Día de los Inocentes y le seguí el juego. El chico sabía fingir bastante bien y sonaba con bastante convicción. Dani lo hacía a posta para ver cómo reaccionaría el pelirrojo y si se pondría celoso.

—¡¿Pero qué haces?! ¡Dijimos que sería un secreto! —actué apoyándome en su hombro y acariciando su pelo oscuro.

Carla, que estaba sentada sobre las piernas de Mateo, se había quedado boquiabierta y me miraba muy desconcertada frunciendo algo el ceño. Seguramente pensaba en por qué no se lo había contado y cómo ella no sabía de esa información. Yo le guiñé el ojo y entendió al instante que era una inocentada.

—Mentira —dijo Manu con un tono de risa, aún no se lo creía. Le metió un mordisco a su hamburguesa.

—Es cierto, Laura me lo contó —me ayudó diciendo Carla, echándose su melena detrás del hombro para tomar un sorbo de su bebida.

—¡Tía! —hice como que le regañaba y le robé unas pocas palomitas.

—¡Qué bien, chicos! —se alegraban Hugo y Mateo. Mientras tanto Álex súper tenso aún nos miraba con los ojos como platos.

—Si de verdad sois novios, venga, daros un beso —propuso Pablo, que era un incrédulo.

—No vam... —no pude terminar porque me vi interrumpida por Dani.

—Vale —soltó indiferente él, dándole un pequeño vistazo a Álex para ver su increíble cara de celos.

—ESPERA, ¡¿QUÉ?! —chillé, no me esperaba que quisiera llevar la broma a ese nivel. Carla comía sus palomitas emocionada.

Dani, metido en el papel, se giró hacia mí dispuesto a besarme. Acarició mi barbilla y se acercó tanto que podía sentir su suave respiración en mis labios. Pero se detuvo a escasos centímetros de mi boca. Yo ni siquiera respiraba. Fue muy poco tiempo pero esa acción hizo que me pusiera bastante nerviosa.

—¡Os lo habéis creído! —se empezó a descojonar dirigiéndose a nuestros amigos, en especial al pelirrojo. Se había puesto rojo y parecía que en cualquier momento iba a explotar y echar humo por las orejas.

Durante la tarde seguimos hablando y pasándolo bien, disfrutando del último día que los amigos estaríamos con Dani antes de que pasara un buen tiempo.

—Pues vaya desilusión que fuese una broma, pegabais mucho —se rio Mateo despidiéndose de Dani—. Tío, ¿qué voy a hacer sin ti ahora? Acuérdate de llamarme, eh —le chocó fuerte la mano y se abrazaron.

Dani me acompañó a casa. Esa noche el chico dormiría en su propia casa, a la espera de que al día siguiente vinieran a buscarle temprano. Eso significaba que esa noche sería la última en la que le vería antes de que transcurrieran un par de meses. Entró un momento a decir adiós a mi familia y dar las gracias por todo lo que habían hecho por él.

Dani y yo salimos alejándonos un poco de la casa para despedirnos. Mis familiares se quedaron en la puerta y nos observaban. No sabía por qué, pero no parecían muy tristes.

—Hablaba en serio cuando dije que no quería que esto acabara —Dani se refería al dejar de vernos, a lo que me dijo cuando estaba por terminar la apuesta—. Y menos ahora. Me haces mucha falta.

—Y yo no mentía cuando te prometí que me quedaría contigo —murmuré tímida—. Haré todo lo posible para visitarte los fines de semana. No vamos a dejar de vernos, solo que no será tan seguido; hasta febrero cuando por fin seas mayor de edad y puedas mudarte otra vez aquí al lado —alegué esperanzada—. Dani... voy a echarte de menos —me abracé con fuerza a su pecho.

—Y yo a ti, Laura, gracias por todo de verdad. No es un adiós, es un hasta luego —pronunció con sus ojos humedeciéndose.

Dolía mucho despedirme de alguien que no quería que se fuera.

—Vale... ¿se lo decimos ya? —le susurró mi madre a mi padre.

—Sí, mejor. Les hemos hecho sufrir ya mucho —le indicó.

—¡Dani, Laura! —gritó llamándonos mi hermana— ¡Inocentes!

Capítulo 18

—¿Qué pasa? —pregunté desconcertada girando la cabeza hacia mis familiares.

—Esta tarde, mientras estabais fuera, hemos estado hablando con el centro de acogida —confesó mi madre—. Dani, eres un chico muy apañado, te hemos cogido mucho cariño y hemos decidido adoptarte. ¿Quieres quedarte con nosotros? —anunció con ilusión.

El chico se quedó paralizado mientras que procesaba la información.

Esa era la importante decisión de la que habló la madre de Manu. ¿Ahora me creéis cuando dije que esa señora era bruja?

—¡Claro! —los ojos de Dani se llenaron de emoción y corrió a abrazar a mis padres—. Gracias, de verdad.

Yo estaba alucinando, saltaba y saltaba por la felicidad y corría de un lado a otro de lo emocionada que estaba. Mi hermana se reía. El castaño oscuro volvió otra vez a por mí y me cogió en brazos para dar vueltas juntos a toda velocidad, hasta marearnos. Caímos al suelo y nos dolía la panza de tanto reír, nos quedamos mirándonos y vitoreábamos una y otra vez.

No me lo podía creer, Dani se quedaría. Y lo mejor de todo, ahora formaba parte de mi familia.

Volvió a su casa a coger las maletas y la mochila otra vez para instalarse definitivamente en nuestra casa. Subimos hasta la habitación de invitados (que ahora sería para Dani), y mi hermana, Dani y yo lo celebrábamos bailando y haciendo el tonto dando volteretas en la cama, sonando nuestra canción favorita. Mientras que Raquel y yo ayudábamos a nuestro nuevo hermano a colocar todo, nos reíamos y contamos a mi hermana de catorce años la inocentada que también le habíamos hecho a Álex esa tarde.

Cuando se hizo más tarde y ya hora de dormir, Raquel y yo nos fuimos a nuestro cuarto compartido.

—Entonces... Lo de Álex y tú... No más, ¿verdad? —me preguntó mi hermana poniéndose el pijama.

—No —le respondí metiéndome en la cama—. A veces me siento mal porque la cosa no funcionara... —me acurruqué pensativa en la almohada.

Nunca llegamos a ser nada, pero claramente hubo algo. Ninguno de los dos llegó a querer algo formal ni serio, no veíamos necesario poner ninguna etiqueta a lo que pasaba entre nosotros. Porque siempre lo pensamos así, que mientras nosotros fuésemos felices no hacía falta que otros lo entendieran. Dos personas que se querían, ¿tan raro era? ¿Por qué algo tan simple como querer a alguien tendría que ser complicado? ¿Por qué los demás deberían meterse en algo que solo él y yo conocemos y sabemos? ¿Por qué habría que ponerle un nombre?

—¿Y qué culpa tienes tú? Eso no se elige. Lo intentasteis y no funcionó. Finalmente vuestros corazones tomaron distintos caminos. Y no hay nada de malo en eso —me intentó hacer entrar en razón Raquel.

—Lo sé —pronuncié evadiendo el hecho de que Álex aún sentía algo por mí—. Sé que tal vez no terminó de la mejor manera, pero realmente me gustaba mucho, simplemente elegí ser feliz —dije refiriéndome a que los celos del pelirrojo no eran nada sano.

—Bueno, de eso se trata ¿no? Cambiar, descubrir quiénes somos. De darnos cuenta de quién es importante para nosotros. De a quién queremos. Es parte del camino. Conoceremos nuevas personas y nos enamoraremos una y otra vez, hasta encontrar esa persona que está hecha para nosotros y que nos hace bien, si es que existe —dijo la joven chica que, aunque fuese algo menor que yo, acaba de enunciar unas muy sabias palabras.

Fueron pasando los días, las vacaciones de Navidad, Año Nuevo, Reyes, volvimos a empezar las clases...

Día a día la amistad entre Dani y yo se hacía más fuerte, aumentaba el incondicional cariño que nos teníamos uno al otro y verdaderamente nos hacíamos sentir bien mutuamente cuando estábamos juntos. Se había vuelto una parte esencial para mi vida...

Porque aunque nos conociésemos únicamente desde hace unos meses, habíamos cogido una confianza y afinidad increíble; y no solo se había convertido en mi mejor amigo, si no que nuestra fraternidad me hacía sentir como si fuésemos hermanos de verdad.

Ya empezado el instituto, un día fui a la millonaria casa de Carla para estudiar Física y Química juntas. Estábamos en su habitación, sobre su enorme cama con dosel repasando la tabla periódica. Yo me la sabía a la perfección por lo que lo único que hacía era ayudar a mi mejor amiga a memorizarla y también le preguntaba.

Cuando ya terminamos, bajamos a su cocina de lujo para preparar unas palomitas para ver una peli. No quedaban palomitas de las que se hacen en el microondas así que improvisamos intentando hacerlas en la sartén. Pero, sorpresa, somos unas inútiles. Acabaron súper chamuscadas y llenamos toda la cocina de humo. Todo apestaba a quemado. Sabían a mierda, eran incomibles. Pasamos de las palomitas y nos apañamos solo con la bebida.

Nos sentamos en su cómodo chaiselongue a ver la peli en su gran televisión. Vimos tal vez unos veinte minutos de peli pero dejamos de prestarle atención porque Hugo nos hizo una videollamada desde Polonia. Estaba maravillado por el país y el clima nevado de allí. Nos contó que esa semana se quedaría en la casa de una *host family* nativa y que en la que también vivía una preciosa joven polaca de unos veinte años que le parecía súper atractiva. Para comunicarse con ellos y en el instituto polaco, debería hablar en inglés. Esto no le suponía ningún problema porque el inteligente rubio de gafas tiene un perfecto nivel de inglés.

Al finalizar la videollamada Carla se me quedó mirando pensativa e hizo una pregunta que me sorprendió.

—Pero tía... ¿Y a ti seguro que no te gusta Dani? —preguntó mi amiga. Yo suspiré. Todo el mundo era muy pesado con ese tema últimamente.

—¡¿Qué?! ¿A qué viene ahora? —dije recogiendo las botellas para llevarlas a la cocina.

—No sé. Lo de Hugo me ha hecho reflexionar... Tú piénsalo: pasar tanto tiempo con alguien, viviendo juntos... ¿Nunca te ha atraído ni nada? —inquirió.

—A ver, el chaval está bueno, las cosas como son —reconocí—. Pero... no. No me gusta

—¿Seguro? —indagó aún más con una sonrisa pícara. Haciendo presión en una pequeña puerta, abrió uno de los muebles de la cocina y sacó de este el cubo de basura.

—A ver, claro que le quiero, y demasiado. Más que a nada. De una manera indescriptible, que no todos tendrán la oportunidad de sentir —sentencié—. Pero no en el sentido de que le quiera como a un novio o algo más sentimental. Le quiero *como a un hermano*.

—Si tú lo dices... —dijo por lo bajini. Tiró las botellas y volvió a cerrar el mueble.

—Es verdad. Además, sabes que no estaría preparado como para estar con alguien después de todo lo que ha sufrido —le recordé.

—Vale, Laura, vale —me mandó a callar—. Ahora el problema es, ¿crees que Hugo se acabará pillando de la polaca? —dijo dándose la vuelta y apoyándose de espaldas sobre la encimera.

— Pues... espero que no —me reí— Las relaciones a distancia son muy difíciles —me mofé.

<u>Capítulo 19</u>

Pasadas unas semanas un día todos quedamos en el claro de asientos de roca. Sí, el mismo lugar donde murió Tomacho... Quizá por eso Hugo se sentía algo melancólico.

—Laura, ¿puedes hablar? —me pidió que le siguiera en un paseo por la carretera y desahogarse con más privacidad.

—Claro —fui tras él.

—Estoy harto ya de Álex, continuamente me da la lata hablando de ti. Yo como soy un buen amigo le escucho y le doy la charla e intento que razone, aunque no me haga ni puto caso. Pero lo que me jode es que cuando le cuento yo algún problema, por ejemplo lo de Tomacho o hace poco le dije que estaba rayado por la madurita polaca, se la suda por completo. Solo se enfoca en sí mismo —se quejó Hugo cansado del pelirrojo.

—Pfff... lo siento —desde que pasó ese incidente con Álex, yo últimamente tampoco tenía por donde tragarlo. Era insoportable, estaba cambiando mucho, antes no era así. ¿Qué había pasado con el que había sido uno de mis mejores amigos durante años, ese chico súper mono y detallista?

Hugo y yo seguimos el camino criticándolo y tras un rato volvimos con el resto al claro. Allí nuestros amigos estaban hablando y debatiendo sobre algo.

—Tío, falta poco para el seis de febrero, ¿qué vamos a hacer por tu cumpleaños? —preguntó Mateo dirigiéndose a Dani.

—Hay que organizarle un fiestón, que nuestro chavalín va a cumplir ni más ni menos que dieciocho —dijo Pablo frotándole la cabeza algo agresivo al ojiverde, con un tono voz de cómo si estuviera hablando a un bebé.

—Ea, ea. Que es el primero de nosotros en cumplir la mayoría de edad y hay que liarla, eh —informó Manu recordando que Dani tenía un año más que el resto, al igual que Mateo.

—Sí, sí, sí. Vamos a organizar algo a lo grande, tiene que haber mucha gente y alcohol, por supuesto —propuso Álex.

—¿Y cómo y dónde quieres que invite a tantas personas? No voy a pagar tanto —se quejó el cumpleañero—. Prefiero hacer algo más tranquilo solo con vosotros y así os pueda invitar a algo —confesó.

—En la casa de Carla, obvio —se rió Pablo y mi mejor amiga le dio un puñetazo.

—Álex tiene razón, tenemos que invitar a mucha gente, para que sea épico y tengas un recuerdo inolvidable de tu cumpleaños de los dieciocho, porque después de todo lo malo que te ha pasado, te lo mereces —le apoyó Manu y el resto le aplaudió.

—Manu, invitaremos a tu madre, ¿verdad? —se burló Pablo.

—Cierto, no tengo problema en poner mi casa, haré por dónde para que mis padres no estén —aceptó Carla y revisó el calendario en su móvil—. Mira, el domingo no se puede, pero lo podemos celebrar el sábado cinco y así tras medianoche será tu cumpleaños.

—Podemos decir que cada uno se lleve su propia bebida y así no hay complicaciones —planteó Hugo.

—Yo lo veo bien —dio su opinión Mateo.

—Y yo también —me reí.

—Bueeno... vale —cedió Dani, habían conseguido convencerle.

Todos en seguida se alegraron diciendo que no se preocupara, que se encargarían ellos de todos los preparativos y de invitar a la gente. Estábamos muy emocionados.

Pasadas un par de semanas de instituto, llegó el fin de semana del cumpleaños del chico con el que convivía. Era cinco de febrero y Dani y yo en casa nos empezamos a preparar para la fiesta.

Estaba en el baño alisándome el pelo frente al espejo. Me había maquillado de forma natural, realzando sobre todo mis ojos azules. Me había puesto el mismo vestido negro que usé meses atrás el día que mi mejor amiga y yo nos encontramos por primera vez a Dani y a Mateo en Cherry.

—¿Puedo entrar? —preguntó Dani desde el otro lado de la puerta.

—Sí —le dije y pasó dentro.

El chico llevaba unos grisáceos vaqueros rotos, una sudadera verde oscura y una chaqueta tejana negra. No era un outfit muy arreglado, pero le quedaba muy bien.

—Uy, qué guapo —le vacilé.

—Cállate. Tu igual de fea como siempre —se echó algo de colonia y se peinó.

—Oye, ¿me ayudas? —me giré mostrándole la cremallera en mi espalda y él la subió.

No pasó mucho tiempo para que saliésemos de casa para ir a la fiesta.

Caminando llegamos a casa de Carla, una mansión enorme en blanco y negro, con muchas luces ese día, donde se celebraba la fiesta. Salía una potente música, que se escuchaba ya desde hace unas cuantas calles. Yo estaba dispuesta a entrar porque ya llegábamos algo tarde y la mayoría de los invitados hacía rato que estaban allí pero, de forma preocupante, Dani se detuvo en seco frente a la fachada con los ojos como platos.

—¿Qué te pasa? —me preocupé y examiné toda la escena para tratar de averiguar qué era lo que le había hecho reaccionar de esa manera.

Dani miraba con demasiado desconcierto a una esbelta chica apoyada en la baranda de acero del porche que había salido fuera para fumar.

La atractiva chica de pelo negro liso por los hombros lucía un maquillaje oscuro y llevaba una ropa con un rollazo impresionante. Llevaba un ajustado vestido plateado, una chaqueta de cuero y unas cuántas cadenas.

—Es... mi ex —balbuceó el chico anonadado.

—¿Y qué hace ella aquí? —me extrañé alarmada, pero Dani no contestó, no teníamos ni idea de qué hacía aquella chica allí.

Las sorpresas no habían hecho nada más que comenzar. Pablo, en una elegante camisa azul marino que le hacía ver muy atractivo, salió de la casa y al vernos a lo lejos extendió el brazo para saludarnos. Hasta ahí todo bien. Pero nos sorprendimos muchísimo cuando nuestro alto amigo se giró hacia Lucía, la ex de Dani y le proporcionó un abrazo por la espalda. Me quedé boquiabierta.

—¡¿Qué cojones?! —soltó Dani bastante tenso.

La chica le dió una tierna sonrisa y un beso en la mejilla. Le extendió su mano con el cigarro y se lo ofreció al ojiazul de pelo negro y rizado. Él lo tomó entre sus dedos y le dio una calada.

¡¿Qué coño hacía Pablo con Lucía?!

Capítulo 20

La pelinegra de ojos marrones se dio cuenta de la presencia de Dani y, agitada, tomó una última calada y tiró la colilla al suelo para aplastarla. Pareció que le puso cualquier excusa a Pablo y volvió a entrar a la casa.

—¿Y quién la ha invitado? —me susurró Dani aún flipando.

—No lo sé... Pero han invitado a medio instituto... Y seguramente la mayoría ni te conoce, ni sepa que es tu cumpleaños y ha venido únicamente porque es una fiesta con gente y alcohol —deduje.

—Tío, de verdad, parece que soy yo el único que se da cuenta de lo aprovechada que es alguna gente... Yo ya me canso, joder —dijo él algo cabizbajo.

Me daba pena, Dani nos tenía solo a unos pocos cómo amigos y aunque los que organizaron la fiesta tenían una buena intención: llevar a muchos para ampliar el círculo del chico y que así conociera más gente, la idea no había sido demasiado acertada porque la mayoría iban solo por interés.

—¡Pablo, ven! —gritó imponente, un poco harto, el chico con el que convivía. Mi amigo desde el porche se acercó con total tranquilidad y Dani empezó a reprenderle—. ¡¿Se puede saber que haces con esa chica?! —indagó.

—¿Lucía? —señaló Pablo con el pulgar dirección a su espalda—. Nah, otra de mis gatitas. Tenemos encuentros casuales y nos hemos liado unas cuántas veces —rió Pablo, era un fuckboy, ese tipo de diversión no era nada nuevo en él.

—¡¿Qué cojones haces con tu puta vida?! ¡¿De qué coño vas?! —chilló fuerte Dani

—Emm... ¿qué te pasa? —soltó Pablo sin entender nada, con un tono que expresaba algo de asco.

—Lucía es la ex de Dani —respondí directamente por él.

—¡¿QUÉ?! —gritó alucinando Pablo—. Ostia, tío... Lo siento... No sabía que ella... —se empezó a sentir fatal y culpable, intentaba disculparse colocando su mano sobre el hombro de Dani.

Dani estaba muy alterado pero trataba de calmarse, no quería armar un espectáculo, no con tanta gente.

—Solo quiero saber una cosa —pronunció algo más relajado y respirando—. ¿Desde cuándo?

—Pues... Creo que la primera vez fue a principios de noviembre cosa así —contestó mi amigo—. ¿Por qué?

—Eso coincide con la fecha en la que me engañó —enunció serio el castaño oscuro.

—Joder, lo siento, de verdad. En serio, no lo sabía... Nunca querría hacerle una putada como esa a nadie... Jamás me dijo que tuviera novio. Ahora que lo sé, no me volveré a acercar a ella —se seguía disculpando Pablo realmente arrepentido.

—No te preocupes. De verdad, ya no importa. Gracias por decírmelo —Dani le chocó el puño, dándole a entender que no había ningún tipo de mal rollo entre ellos. Pablo no era el culpable, no tenía ni idea de nada.

Entramos por fin a la enorme casa de Carla y había mucha, muchísima gente. Medio instituto estaba allí.

Estaba repleta de personas por todos lados, algunas de ellas incluso ya estaban borrachas a pesar de que la fiesta había empezado hace poco. Muchas de ellas bailaban con la fuerte música que hacía vibrar todo, impidiendo que escucháramos nuestras propias voces.

—¡Buenas, chicos! —Carla vino hacia nosotros y chilló para hacerse oír. Llevaba el mismo ceñido vestido corto rojo que usó el día de la apuesta del billar—. Toma, Laura

—me tendió un chupito. Ella parecía que ya había bebido algo, se le veía contentilla.

Yo tomé el pequeño vaso y de un solo trago me lo bebí entero, el líquido bajaba por mi garganta quemando todo a su paso.

—Ahggg —hice un sonido de queja, lo que me hubiera dado sabía horrible y era muy fuerte—. ¿Qué es esto? —dije entre toses.

—Vodka —me informó mi mejor amiga. Me agarró del brazo y me llevó a bailar con ella cerca del gran equipo de sonido.

Nuestro amigo Manu era el responsable de la música que hacía las voces de las personas casi inaudibles, él manejaba los altavoces y hacía de DJ. Daba grandes saltos y movía los brazos para animar a todos, cantando a todo pulmón. Vestía con un polo blanco que le favorecía mucho y unos vaqueros.

También allí nos encontramos a su madre. Llevaba un largo vestido verde oscuro de lentejuelas. La animada señora estaba dándolo todo en medio de la inmensa multitud, moviendo lentamente sus caderas de un lado al otro, bailando hasta el suelo llamando la atención de todos. Para ser una mujer adulta, sus movimientos eran bastante sensuales y sabía cómo llevar el ritmo. La gente le vitoreaba y aplaudía. Nosotras fuimos junto a ella y le seguimos el rollo también.

Mateo, vestido con un elegante traje granate, estaba con Dani entre los espectadores. El novio de mi amiga la miraba asombrado con deseo mientras mojaba sus labios en el cubata.

Pablo se acercó a Manu:

— Tío, porque es tu madre, si no, le daba —le gritó al oído. Su amigo le miró con una cara traumada.

Estaba divirtiéndome con mi amiga y la señora bailando, cuando alguien vino corriendo con una bebida en la mano y me tiró al suelo. Era Álex, que parecía ya borracho. La camisa negra que llevaba ya estaba manchada por lo que sea que hubiera bebido antes.

—¡¿Qué coño haces?! —le aparté incómoda y me sacudí el vestido.

—Perdón —se disculpó el pelirrojo en un balbuceo sin apenas mirarme, dio un vistazo rápido atrás y se levantó otra vez para correr. ¿Huía de alguien?

—¡ÁLEEX! ¡Deja de robarme alcohol! ¡Que esa es mi puta botella! —iba Hugo detrás de él. Corría lo más rápido que podía a pesar de que se le hacía difícil por su apretado traje gris claro.

Álex se estaba saliendo de control y bebiendo muchísimo, ya iba bastante mal y se alejó desapareciendo otra vez entre la multitud.

Dani y Mateo al principio se rieron de la patética situación pero luego vieron lo harto que estaba Hugo y le ayudaron para buscar al pelirrojo antes de que se terminara toda la botella.

Los tres chicos se lo tomaron como un juego y se dividieron para ir en su busca. Recorriendo toda la planta baja de la casa y también el patio, tras él. Álex delirando se escapaba de unos y otros y no conseguían atraparlo. El borracho molestaba a muchos chocando accidentalmente con ellos mientras huía bebiendo a caño para terminarse lo más rápido posible la botella.

Entre la gente, Dani pasó cerca de Lucía varias veces, pero esta se escondía o se alejaba cada vez que le veía.

—¡Te cacé! —gritó Mateo cuando por fin lo alcanzó en el patio, cerca de la piscina. Lo inmovilizaba para que no se escapara y saliera huyendo otra vez.

—A mí no me toques, bicho raro —al borracho se le trababa la lengua y arrastraba algunas palabras—. ¡Suéltame!

—Gracias, Mateo —se acercó Hugo exhausto—. Álex —se dirigió a él resoplando y recuperando el aliento con la cabeza baja y apoyándose sobre sus rodillas—, mi botella. Ya —le ordenó cansado.

—¡Noo! —chilló el pelirrojo como un loco y reventó la botella, que estaba prácticamente vacía ya, contra el filo de la piscina.

Se soltó y empezó a dar vueltas alrededor de la piscina. Hugo irritado le chilló y volvió a perseguirle, pero esta vez con ganas de matarlo. Mateo y Dani se morían de risa viendo la escena.

Álex se acercó a Dani y le hundió el dedo índice en el pecho.

— Tú. Me caes muy mal —le dijo balbuceando y volvió a irse.

Capítulo 21

Los chicos, después de haber estado jugando a policía y ladrón, volvieron con el resto al sitio de la música y todos seguimos bailando.

Carla y Mateo se apartaron para empezar a enrollarse en el sofá. La chica se sentó de frente encima de él, con ambas piernas a los lados de las de suyas, moviéndose un poco, besándose de manera muy apasionada, calentándolo.

—¡Carlaaa! —le llamó Hugo para contarle algo, pero se detuvo al ver la erótica escena—. Joder, ya se están besando —murmuró el rubio con gracia y se fue por donde había venido sin interrumpirlos.

Para tener más privacidad, los tortolitos subieron al piso de arriba encerrándose en una habitación.

Álex seguía haciendo el tonto, el ridículo más bien. Se ponía de pie encima de la mesa y gritaba girando alrededor de sí mismo. Incluso hacía la croqueta en el suelo y daba vueltas alrededor de todos corriendo. Al principio me hacía gracia, pero ya empezaba a cansar.

Me estaba pareciendo demasiado estúpido pero simplemente pasaba de él.

Mientras que yo bailaba, el pelirrojo se acercaba mucho a mí y se me hacía muy molesto. Cada vez tenía que retroceder más para no tenerlo pegado a mí. Eso fue lo peor que pude hacer porque él se seguía acercando a mí de manera muy desagradable hasta que me topé con la pared a mis espaldas y él me acorraló contra esta. No tenía salida. Tampoco podía gritar, nadie me oiría debido a la alta música.

—¡Álex, déjame en paz, por favor! —le chillé. Pero él con una de sus manos agarró las mías con fuerza y con el otro brazo apretó su antebrazo en mi cuello, impidiendo que pudiera moverme ni separarlo de mí.

—No —me mandó a callar posando su índice en mis labios y deslizándolo hacia abajo—. Eres mía, Laura. Y no del mamarracho de Dani.

El borracho empezó dejando lentos besos húmedos en mi cuello y escote, desordenados por su falta de coordinación por el alcohol. Yo tenía ganas de vomitar. A pesar de que el chico me hubiera gustado antes, ahora sentía una repugnancia y una incomodidad increíble. No respiraba siquiera por el miedo, estaba paralizada pero a la vez temblando, cerrando los ojos con fuerza mientras brotaban algunas lágrimas. Lo único que podía hacer era esperar a que se detuviera o que alguien se diera cuenta y me ayudara.

Él fue subiendo sus besos hacia mi cara, pasando por mis orejas y mis mejillas, acercándose cada vez más a mis labios. Yo los metía hacia dentro y ladeaba mi cara para que no me besara.

—¡Que te dejes, joder! —me gritó Álex agarrando mi cara, haciéndome daño.

No quería. Me moría del asco y el agobio. El aliento le apestaba a demasiado alcohol. No quería que me besara un monstruo.

El chico que era como mi hermano, Dani, me había estado buscando. Al encontrarme y ver lo que me estaba pasando, no dudó en correr y meterle un puñetazo al pelirrojo que estaba abusando de mí, para separarlo. Me había salvado. El tremendo puñetazo hizo retroceder a Álex y se tropezó con el cable que enchufaba los altavoces, cortando la música.

—¡¿Qué cojones haces?! ¡¿No ves que no quiere, subnormal?! —chilló el cumpleañero.

Todo el mundo lo escuchó y se quedaron en silencio observando atentos la desgracia que justo acababa de empezar. Yo de cerca lo presenciaba todo, tenía la respiración súper agitada y me sentía muy mal, usada.

Me dolía mucho que la persona que en su día quise ahora me hubiera tratado de esa fatal manera.

—¡¿Tú para qué te metes, huérfano de mierda?! —le insultó Álex enfadado frotando su dolorida mejilla y le dio un empujón. Dani le echó una mirada asesina. Se creó un momento de tensión horrible.

—¡Gilipollas, cállate la puta boca! —le regañó Hugo que estaba pendiente, entre toda la multitud.

Dani de la rabia e impotencia, descontrolado, agarró a Álex del cuello de la camisa y violento lo tiró contra la mesa, reventándole la cara contra esta y haciendo que se le rompiera la nariz. La mesa y todo lo que había encima se volcó, cayendo así botellas de cristal que se hicieron añicos produciendo un sonido estruendoso.

—¡Niñatos, paz! —gritó la madre de Manu.

El pelirrojo se tocó el puente de la nariz retirando un poco de la sangre y sus ojos azules se oscurecieron, su cara parecía la del villano de una película, no se quedaría de brazos cruzados. Se volvió a poner en pie y Álex comenzó a darle duros golpes sacando toda la rabia contenida. Dani le siguió y ambos se metieron puñetazos hasta salir al patio de la piscina. Expectantes todos los siguieron para ver cómo continuaba la pelea.

Nadie se quería acercar a separarlos o detenerlos, estaban comportándose de forma muy agresiva y realmente daban hasta miedo. Nadie se arriesgaría a meterse en la pelea y salir herido.

Algunos adolescentes de la edad de Dani estaban allí y al verlo se rieron de él.

—¡Daniii! ¡Miraa, tu novia! —gritaron burlándose señalando a Lucía. Ella avergonzada se cubrió la cara y abandonó la fiesta.

Dani ni se dio cuenta de aquel comentario, estaba demasiado ocupado matándose con Álex, pero Pablo sí les escuchó y le defendió.

—Ni puta gracia, meteos con Dani otra vez y os parto los dientes. FUERA DE LA FIESTA, ¡AHORA! —el pelinegro de rizos con autoridad hizo que se fueran y abandonaran la casa acobardados.

Los dos chicos de la pelea seguían metiéndose ostias cada vez más fuertes, tanto que acabarían ambos con todo el cuerpo lleno de moratones.

—¡Parad ya, por favor! —dije en un angustiado grito.

—¡Nenes, pelearos lejos de la piscina que os vais a caer! —vociferó Manu.

—No me des ideas —dijo Álex con una sonrisa que parecía satánica.

El borracho se abalanzó con todas sus fuerzas sobre Dani y lo hizo caer cerca de la piscina sobre los cristales de la botella rota de Hugo. Esto hizo que el que era mi mejor amigo se resbalara, su cabeza se golpeara de muy preocupantemente forma contra el filo de la piscina dejando algo de sangre en él y precipitándose dentro de ella.

—¡¡¡DANI!!! —dije en un potente y desgarrador grito. Me acerqué desconsolada a la piscina y me agaché para mirar dentro de ella.

Todos esperaban que saliera fuera del agua, pero no lo hizo. Se hundía y se hundía hasta el fondo de la piscina. No se movía. Parecía inconsciente.

Todos se asomaron también y al percatarse de lo mismo que yo, gritaban con terror y cundió el pánico. Pablo y Manu saltaron al agua para sacarlo y lo colocaron otra vez en el borde de la piscina.

—¡No respira! —informó preocupado Hugo después de comprobar su respiración—. ¡Alguien que nos ayude! —chilló angustiado.

Álex se apartó de la gente para vomitar en una maceta, echando todo lo que había bebido.

Carla y Mateo habían escuchado los gritos desde el piso de arriba y bajaron corriendo para ver qué ocurría. Carla despelujada y Mateo abotonándose la camisa del traje, salieron al patio de la piscina.

—¡¿Qué ha pasado?! ¡¿por qué todo el mundo está chillando?! —vino alterada mi mejor amiga—. ¡AAAHH! —se le escapó un grito al ver a Álex vomitando, con los puños hechos mierda junto a Dani inconsciente, con una gran herida en la cara, ensangrentado al borde de la piscina y todos nosotros alrededor.

—Apartaos, yo le hago el boca a boca —dijo la madre de Manu.

—Ya la habéis oído, alejaros un poco —trató de ayudar Mateo poniendo orden. Se le veía muy preocupado.

La mujer le echó la cabeza hacia atrás y le tapó la nariz, tomó aire y sopló una vez dentro de la boca de Dani. Respiró y repitió la operación. Entonces puso sus manos en la posición correcta sobre el esternón y empezó a apretarle el pecho.

Intentaba una y otra vez la técnica pero no daba resultados.

Y fue justo en ese instante, cuando pensaba que lo perdería para siempre, que me di cuenta de que yo había mentido a todos.

Capítulo 22

Había mentido a todos. A Carla, a mi hermana... negando que de verdad sí que sentía algo por Dani. No solo les había hecho creer eso a ellas, si no que también a mí misma.

Obligué a mi cerebro a pensar que ese chico no me gustaba y me había convencido de ello, pero no era lo que realmente sentía. En realidad desde hace un tiempo, o tal vez desde el principio, poco a poco me había ido enamorando del chico que tanto me importaba. Me había pillado de su físico sí, pero más de su esencia y manera de ser, lo bien que nos lo pasábamos juntos, su humor sarcástico, forma de hablar, pensar... El estar tan roto le había hecho aprender mucho sobre la vida y claramente se diferenciaba del resto, algo que me atraía mucho. Dani me encantaba.

Todo el tiempo estuve disfrazando mis sentimientos con una simple amistad porque pensaba que nunca llegaría a nada. Me daba miedo enamorarme de alguien que estaba roto y que antes de mí ya tuvo al amor de su vida. No fui valiente y guardé mi amor como un secreto únicamente para mí. Como una cobarde temía joderlo todo, por nada en el mundo me permitiría perderlo, era lo mejor que tenía y una de las personas que más me había marcado.

Pero sabía que estaba mal y primero necesitaba arreglarse a sí mismo, por esa razón preferí no complicar su vida y quería que estuviese bien antes que cualquier otra cosa. Me conformaba con ser "su mejor amiga" y quería que fuera feliz, aunque eso significara no estar conmigo.

A pesar de todo eso, me arrepentí de no habérselo dicho antes, cuando lo estaba viendo frente a mis ojos al borde de la muerte, que tal vez se iría para siempre sin saber lo que sentía y sin yo haber sido del todo sincera. Joder, que se iba a morir y yo me había guardado todo lo que sentía como una tonta. Era el adiós que nunca me permitiría decir.

Entonces dejé a un lado el miedo que tenía a sentir y lo grité en alto:

—¡Dani, te quiero, por favor no te vayas! —grité con todas mis fuerzas entre la gente en pánico, desgarrando mi garganta en un mar de lágrimas. Yo a él le había prometido que me quedaría a su lado y no me iría pero, ¿y si era él el que se marchaba y ya no volvería?

—¡¿Qué?! —soltó Mateo a mi lado, girándose sorprendido hacia mí, me había escuchado—. Laura, ¿te gusta Dani?

—Sí... Y no se lo he dicho —asentí entre sollozos y le abracé para esconder mis lágrimas en su pecho.

—¡Lo sabía! —me restregó Carla, que estaba detrás de su novio, tenía todo el rímel corrido.

—Laura. Mírame —me separó agarrándome ambos hombros para verle la cara—. Tú a él... también. No quería romper ese vínculo de "hermanos" que tenía contigo, eres la persona con la que más puede abrirse y ser él mismo —dijo algo agitado intentando que se le oyera entre los gritos de la gente—. Dani está muy enamorado de ti, Laura.

Él siguió hablando y explicando, pero no le escuchaba. Estaba en shock, todo a mi alrededor se nublaba y parecía irreal.

Ni Dani ni yo, ninguno de los dos habíamos dado el paso porque no pensábamos que fuese mutuo. Lo más triste era que me había dado cuenta cuando ya era demasiado tarde y él nunca lo sabría.

—¡Sigue intentándolo, no puede irse! —animaba Manu nervioso a su madre.

—¡Joder! —se lamentaba Pablo golpeando una pared. Nunca le había visto llorar. Le dolía muchísimo perder al amigo con quién tan bien se llevaba y tantas locuras habían hecho juntos.

—¡Venga! ¡Uno, dos, tres...! —marcaba el ritmo Hugo a la mujer que practicaba la RCP.

La madre de Manu desesperada lo seguía intentando una y otra vez, suministrando aire a sus pulmones. Parecía que no tenía salvación.

—No está pasando nada, ¡está muerto! —Carla lo estaba pasando fatal por el desastre que estaba ocurriendo y encima en su propia casa.

Estaba congelada de nuevo. Lo único que podía hacer era llorar. Apareció ese doloroso vacío en el pecho del que tantas veces me había hablado Dani. La cabeza me empezaba a apretar y producirme una jaqueca horrible. Las imágenes y recuerdos del chico cruzaban mi mente: la noche de tormenta, la apuesta en el pub, cuando me dijo que había conseguido ser feliz gracias a mí, la adopción de mis padres... Era una tortura. No podía ser real, tenía que ser una pesadilla, Dani no podía morir. Me arañaba los brazos y comprobaba que sí que el dolor era real y no estaba soñando. Mi corazón se estremecía.

Como si de un milagro se tratase, tras repetir las compresiones fuertes y rápidas en el pecho y volverle a administrar aire por su boca, Dani tosió liberando el agua que había en sus pulmones, se incorporó regresando a su consciencia y volviendo a respirar, aunque agitado. Se tocaba dolorido la herida del lateral de su cara. Todos chillaban y saltaban de la emoción. Álex seguía potando en la maceta descompuesto.

Yo no me lo pensé al empujar a todos los que estaban delante mía para correr hacia Dani.

Me abalancé sobre él con aún lágrimas deslizándose por todo mi rostro y sin dudarlo le agarré enterrando mis dedos en su pelo mojado para plantarle un ansiado beso frente a todos.

—Eh, eh, espera. ¿Qué cojones haces, puta loca? —Dani me separó repitiendo lo que me dijo cuando le tiré piedras. ¿Qué pasaba? ¿no le gustaba también?—. Que me acabo de ahogar, te recuerdo. Un momento —volvió a toser e inspiró lentamente, haciendo un sonido de coger aire—. Vale, ahora sí —con una sonrisa me acercó otra vez a él y me besó.

—¡BIENN LO CONSEGUIMOSS! —Carla y Mateo daban brincos eufóricos, desde hace un tiempo querían vernos juntos.

El beso fue el más bonito y con más sentimiento que jamás tuve. No porque fuese súper apasionado y sensual como los de Carla y Mateo, si no porque después de todo el dolor y lo que habíamos pasado por fin nos teníamos uno al otro. Era uno lento y cálido en el cual sus labios acariciaban los míos suavemente. Dios mío, Dani sabe cómo besar.

—Te quiero, Laura.

—Y yo a ti, Dani.

En ese momento, Hugo miró su móvil y se percató de que habían pasado las doce de la noche, así que avisó a todos y juntos gritaron:

—¡¡ FELIZ CUMPLEAÑOS, DANI !!

Agradecimientos

Cabe nombrar a personas especiales que sin ellas esta historia no hubiera sido posible, nunca podré terminar de dar las gracias:

A mis amigos, por darme ideas y servirme de inspiración por las locuras que hemos hecho juntos.

A mi familia, en especial a mi madre, que todo este tiempo me animó a no rendirme y sin su ayuda no podría haber publicado este libro; y a mi abuelo, que siempre me daba la enhorabuena cada vez que le enseñaba lo nuevo que había escrito.

A mi ciudad Baeza (Jaén); porque sus calles, monumentos, paisajes con encanto y algunos de sus lugares ocultos han servido de base para los escenarios figurados en esta obra.

Y también a todos los que iban leyendo mis capítulos a medida que los subía y confiaron en mí desde un principio.

Tus reseñas son muy importantes.

Indica aquí qué te ha parecido esta historia para que otros lectores se animen a elegirla.

¡Muchas gracias!

Por todo lo que habéis hecho por mí y seguiréis haciendo, gracias. Os quiero <3.